일대일
제자양육 성경공부

개역개정판

KB200573

두란노

일대일 제자양육 성경공부 개역개정판

편집 | 두란노서원
개정 3판 1쇄 | 2015. 2. 5
21쇄 발행 | 2025. 3. 17

등록번호 | 제 1988-000080호
등록된 곳 | 서울시 용산구 서빙고로 65길 38
발행처 | 사단법인 두란노서원
영업부 | 2078-3352 Fax.080-749-3705
출판부 | 2078-3477

책값은 뒤표지에 있습니다.
ISBN 978-89-531-2162-1   03230

독자의 의견을 기다립니다.
tpress@duranno.com   http://www.duranno.com

이 책의 성경본문은 개역개정 성경을 사용하였습니다.

두란노서원은 바울 사도가 3차 전도 여행 때 에베소에서 성령 받은 제자들을 따로 세워 하나님의
말씀으로 양육하던 장소입니다. 사도행전 19장 8-20절의 정신에 따라 첫째 목회자를 돕는 사
역과 평신도를 훈련시키는 사역, 둘째 세계선교(TIM)와 문서선교(단행본·잡지)사역, 셋째 예수
문화 및 경배와 찬양 사역, 그리고 가정·상담 사역 등을 감당하고 있습니다. 1980년 12월 22
일에 창립된 두란노서원은 주님 오실 때까지 이 사역들을 계속할 것입니다.

차 례

서 문

한 그리스도인이 한 사람에게 그리스도를 전하고, 그를 그리스도 안에서 성장하도록
하는 일은 초대 교회에서는 아주 당연한 일이었습니다(골 1:28).

그러나 언제부터인가 이와 같은 일이 전통적인 교회에서는 아주 드문 일로 변했습니
다. 그런데 하나님은 그렇게 오랫동안 잊혀진 성경적 제자 훈련 방법을 20세기에 여
러 선교 단체를 통해 우리에게 다시 가르쳐 주셨습니다.
이 일대일 양육을 통한 제자 훈련 방법은 함께 모여 설교 듣는 것이 전부이던 현재의
교회에 일종의 도전이 되었습니다.

그런데 이러한 여러 선교 단체가 교회에게 귀한 도전은 주었지만, 이 방법을 지역 교
회에서 활용할 수 있는 도움은 충분히 주지 못했습니다. 그러므로 개교회는 성경적인
교회론에 입각하여 각 교회에 맞는 일대일 양육법이 필요하게 되었습니다. 이 책은
그러한 현실을 반영하여, 교회에서 직접 활용할 수 있도록 일대일 양육 방법론을 구
체적으로 다루었습니다.

제자 훈련 교재가 저절로 제자를 만들어 주는 것은 아닙니다. 믿는 이들이 성령의 역
사를 따라 순종할 때 제자가 되는 것입니다(골 1:29). 이 교재는 바로 그 역사의 작은
도구일 뿐입니다.

1988. 11. 두란노서원

I

만남: 예수 그리스도

--- **ONE TO ONE DISCIPLING** ---

이 책이 소개하는 예수님을 만나 보십시오. 그리고 그가 대표하는 하나님 나라에 대해서 알아보십시오.
이 일은 당신 개인의 인생뿐 아니라 이 사회를 변하게 하는 중요한 계기가 될 것입니다.

예수 그리스도

언제부터인가 거리마다 골목마다 십자가 달린 건물이 서기 시작했습니다. 이제는 우리나라 땅의 어느 곳을 가더라도 이 십자가가 달린 건물을 볼 수 있습니다. 이 건물을 사람들은 교회라고 부릅니다. 바로 이 교회가 기독교라는 종교의 상징이 되었습니다. 이 교회가 우리나라에 생기기 시작한 것은 약 백 년 전인데 그 이후로 이 나라의 개화와 발전에 기여한 바가 적지 않습니다. 그리고 지금도 사회에 많은 영향을 끼치고 있습니다. 그러나 안타깝게도 커다란 건물과 막대한 재정을 자랑하기는 하지만, 주위 사람들에게 그다지 좋은 인상을 주지 못하는 교회도 있습니다. 그래서 이런 교회들을 보고 실망한 사람들은 교회로 상징되는 기독교라는 종교에 등을 돌리기도 합니다.

이런 현실을 보면서 사람들의 등을 돌리게 한 교회를 향해 화살을 던지고 싶은 마음이 생깁니다. 그런 한편, 기독교의 겉모습만 보고 등을 돌리거나 아예 관심조차 보이지 않는 수많은 사람들에 대해 안타까움을 느낍니다. 그릇에 약간 흠이 있다고 그 안에 있는 보물이 무엇인지 알아볼 생각도 하지 않는 사람들에게 느끼는 안타까움입니다. 물론 그 보물이, 사람들에게 있으면 좋고 없으면 없는 대로 살 수 있는 그런 물건이라면 그다지 안타까울 것도 없습니다. 문제는 그 보물이란 것이 한 사람의 인생을 변화시킬 수 있고 나아가서 이 사회를 변혁시킬 수 있는 엄청난 것이라는 사실입니다.

이 장에서는 바로 그 보물인 예수 그리스도를 소개합니다. 이것은 어느 한 종교의 입문서가 아닙니다. 위대한 사상을 소개하는 것도 아닙니다. 그러므로 당신은 종교적이 되어야 할 필요도 없고, 지성적이거나 철학적이 되어야 할 필요도 없습니다. 그러나 여기에 소개하는 내용에 대해 최소한 기대감은 있어야 합니다. 이제 이 책이 소개하는 예수님을 만나 보십시오. 그리고 그가 대표하는 하나님 나라에 대해서 알아보십시오. 다 소개받은 후에 예수님과 하나님 나라에 대한 당신의 생각을 정리하십시오. 아마도 이 일은 당신 개인의 인생뿐 아니라 이 사회를 변하게 하는 중요한 계기가 될 것입니다.

첫 번째 만남
예수는 어떤 분입니까?

우리는 처음으로 사람을 만나 소개를 받을 때 먼저 그의 이름과 더불어 그의 주변 사항-학교, 직장, 출신지 등-을 소개받습니다. 그리고 좀 더 깊이 그 사람과 대화를 하면서 그의 생각이나 성품들을 알게 되고, 또 그와 가까운 사람을 통해서도 그 사람에 관해 여러 가지를 알게 됩니다. 예수란 분을 소개할 때도 마찬가지일 것입니다. 지금까지 당신은 예수를 어떤 분이라고 생각했습니까? _____
_____

사람마다 예수에 대한 생각이 다를 수 있습니다. 그러므로 예수가 어떤 사람인지를 알기 위해서는 본인의 이야기나 그와 가장 가까운 사람들의 의견을 들어 보아야 할 것입니다. 예수는 자신을 소개하면서 "이 성경이 곧 내게 대하여 증언하는 것이니라"(요한복음 5:39)라고 말했습니다. 그러므로 이제 성경을 펴고 예수에 관한 예수 자신의 소개와 여러 사람의 증언을 살펴봅시다.

1. 예수의 국적, 출생지 및 성장지를 각각 찾아보십시오(마태복음 2:1, 23).
_____

2. 예수의 어린 시절은 어떠했습니까?(누가복음 2:52) _____
_____

3. 다음 성경에서 예수가 어떻게 묘사되는지 살펴보십시오.
    (1) 마태복음 4:2 _____
    (2) 요한복음 4:6 _____
    (3) 마가복음 4:38 _____

(4) 요한복음 11:35 _____

이러한 예수의 모습에서 무엇을 느낄 수 있습니까?

_____

_____

4. 히브리서 4:15을 읽어 보십시오.

(1) 예수는 어떤 면에서 우리 인간과 같습니까? _____

(2) 예수는 어떤 면에서 우리 인간과 다릅니까? _____

_____

5. 이상과 같은 증언을 토대로 사람들은 예수를 위대한 성인이라고 말하기도 하고, 종교의 창시자 내지는 예언자라고 생각하기도 합니다. 충분히 할 수 있는 생각입니다. 그런데 정작 본인의 입에서는 또 다른 말이 나왔습니다. 요한복음 10:30에서 예수는 자신을 어떻게 묘사했습니까?

_____

6. 어떻게 생각하면 좀 건방진, 나아가서는 독선적인 것 같은 발언입니다. 이와 같은 발언은 다른 곳에서도 볼 수 있습니다.

(1) 요한복음 5:23에서 예수는 자신이 _____과 똑같이 공경을 받으실 분이라고 말합니다.

(2) 요한복음 14:9에서 예수는 자기를 본 사람은 _____를 본 것과 같다고 말합니다.

7. 본인의 말도 중요하지만 그의 곁에 있던 사람의 증언 또한 본인의 말 못지않게 가치가 있습니다. 곁에서 예수를 본 사람들은 그를 누구라고 생각했습니까?

(1) 마태복음 14:33 _____

(2) 마태복음 27:54 _____

(3) 요한복음 20:28 _____

이들의 공통적인 의견을 요약해 보십시오.

_____

8. 한번은 예수가 제자들에게 "사람들이 나를 누구라고 생각하느냐?"고 물어보았습니다. 제자들이 들은 대로 열거한 몇 가지 의견을 들은 후에 예수는 제자들

에게 질문했습니다. "너희는 나를 누구라고 생각하느냐?" 이 질문을 지금 당신에게 한다면 당신은 어떻게 대답하겠습니까?

_____

_____

_____

_____

_____

예수는 어떤 일을 했습니까?

요즈음 사람들은 자기를 소개할 때 자기의 약력과 경력을 말하기도 합니다. 이것은 자기가 그동안 해온 일이 바로 자기를 나타낸다고 생각하기 때문입니다. 이 때문에 우리 사회에서는 이력서가 사람을 소개하는 데 필수적입니다.

이제 당신은 예수가 누구인지를 어렴풋하게나마 알았습니다. 그러나 어떤 사람을 제대로 알기 위해서 그가 무엇을 했고 지금 무엇을 하고 있는지를, 한마디로 그의 이력을 아는 것이 필요하듯이 예수에 대해서도 마찬가지입니다. 지금까지 당신은 예수를 어떤 일을 한 사람이라고 생각했습니까? _____

예수는 자서전이나 회고록 같은 것을 남기지 않았습니다. 그러므로 그의 행적을 알기 위해서는 그의 제자들의 기록을 참고할 수밖에 없습니다. 물론 그들도 예수가 행한 일을 다 기록하지는 못했지만(요한복음 21:25) 꼭 필요한 내용은 네 개의 복음서에 남겼습니다. 이제 그 기록을 보면서 예수가 어떤 일을 했는지 공부합시다.

1. 마태복음 11:2-6을 읽으십시오. 요한이 예수가 자신이 기다리던 메시아인지를 확인하는 질문을 했을 때 예수는 자기가 하고 있는 일을 어떻게 묘사했습니까?(5절)

_____

2. 예수의 제자였던 마태는 예수의 사역을 어떻게 묘사했습니까?(마태복음 4:23)

_____

3. 예수는 생애 중에 어떤 사람들과 함께 지냈습니까?(마가복음 2:15)

_____

NOTE

4. 이와 같은 생애를 보낸 예수에 대해 당신은 무엇을 느낄 수 있습니까? 그의 생애의 어떤 면이 당신에게 감명을 줍니까? _____

_____

5. 아름답고도 위대한 생애를 보낸 예수는 마지막으로 어떻게 죽었습니까?(마가복음 15:15, 25) _____

_____

6. 예수의 죽음은 그 당시 여느 정치범의 죽음과 별로 다를 것이 없었습니다. 그러나 예수 자신뿐 아니라 그의 제자들도 그의 죽음에 커다란 의미가 있다고 말했습니다. 그 의미를 요약해 보십시오.

_____

　(1) 마가복음 10:45 _____

　(2) 로마서 5:8 _____

7. 성경은 예수가 십자가 형벌을 받고 죽어야 했던 것은 죄악 때문이라고 합니다. 죄란 무엇입니까? 당신의 생각을 적어 보십시오.

_____

8. 성경은 죄의 기원과 결과를 무엇이라고 말합니까?(로마서 3:23, 5:12)

_____

✱ 죄의 기원에 대해서 더 잘 알고 싶으면, 창세기 3장을 읽으십시오. 죄의 결과에 대해서는 당신 자신의 마음과 행동, 그리고 당신 주위나 사회에서 현재 일어나는 일들을 보면 잘 이해할 수 있습니다.

9. 예수가 십자가에서 피 흘려 죽으심으로 사람들의 죄 문제를 해결했습니다(에베소서 1:7). 이 죄에 당신의 죄도 포함된다고 생각합니까?

_____

　그 외에 십자가의 피로 이 세상에 어떤 혜택이 베풀어졌습니까?
　(1) 에베소서 2:13-14 _____

_____

　(2) 골로새서 1:20 _____

10. 예수의 죽음은 개인의 죄뿐 아니라 현재 사회가 안고 있는 문제도 해결할 가능성을 보여 줍니다. 십자가가 해결할 수 있는 문제들을 구체적으로 생각해 보십시오.

_____

_____

_____

_____

_____

세 번째 만남
예수는 지금 무엇을 하고 있습니까?

우리와 만났던 사람들이 죽거나 떠나면 그 사람에 대한 기억만 남게 됩니다. 아무리 위대한 사람일지라도 죽은 후에는 우리의 기억 속에는 남아 있지만 실제적인 영향은 주지 못합니다. 우리는 지금까지 예수의 생애와 죽음을 살펴보았습니다. 정말로 놀라운 사랑의 표현이요 고귀한 희생정신입니다. 그러나 예수가 십자가에서 죽는 것으로 끝나 버렸다면 그는 위대한 인물로만 기억되었을 것입니다. 그런데 성경은 예수가 죽었다가 다시 살아났다고 말합니다. 그리고 그 예수가 지금 살아서 역사한다고 합니다. 당신은 이 사실을 어떻게 생각합니까?

예수의 생애와 죽음에 대해서 알고 그를 높이 평가하는 사람들이 있습니다. 그러나 예수의 부활에 대해서 모른다면 예수를 제대로 알고 평가하는 것이 아닙니다. 왜냐하면 예수의 부활은 예수 자신이 살아 있을 때 예언한 것이고 또 그의 제자들이 목숨을 걸고 증거한 것이기 때문입니다.

1. 예수는 자기가 죽은 후에 어떤 일이 일어날 것이라고 말했습니까?(마태복음 16:21) _____

2. 성경은 예수가 자신이 예언했던 대로 다시 살아났다고 전하고 있습니다. 부활한 예수를 어떤 사람들이 보았습니까?(고린도전서 15:3-8) _____

_____

_____

3. 부활 후, 예수는 제자들에게 자신이 어떤 존재라고 선언했으며(마태복음 28:18), 사도 바울은 부활한 예수가 어떤 분이라고 선언했습니까?(로마서 1:4)

_____

_____

이 선언에 의하면 우리는 예수를 현재 이 세상을 주관하는 분으로 모실 수밖에 없습니다.

4. 사도행전 1:9-11을 읽으십시오. 부활 후 예수는 어디로 갔습니까?

_____

5. 에베소서 1:20-23을 읽으십시오.

(1) 예수는 현재 어떤 자리에 있습니까?(20절)

_____

(2) 예수는 현재 어떤 것보다 뛰어난 분입니까?(21절)

_____

(3) 하나님의 오른편에 앉으신 예수에 대한 사실 두 가지는 무엇입니까?(22절)

_____

6. 예수가 다시 살아나서 하늘에 올라간 후, 제자들이 예수에 대해 가장 강조한 것은 무엇입니까?(사도행전 2:32, 4:33)

_____

7. 예수의 부활을 믿는 신앙은 실제 생활에 어떤 영향을 줄 수 있습니까?(로마서 6:4-5) _____

_____

8. 고린도전서 15:14-19을 읽으십시오. 예수의 부활이 역사적인 사실이 아니라면, 현재 예수를 믿는 사람들에게 어떤 문제가 있는 셈입니까?

_____

9. 예수의 부활을 믿지 못하면서도 예수를 높이 평가할 수 있습니다. 그러나 그 평가는 완전할 수 없습니다. 당신은 이제 예수의 부활에 대해서 어떻게 생각합니까?

_____

_____

예수를 믿으십시오

이제까지 우리는 예수가 어떤 분인지, 어떤 일을 했는지, 현재 이 세상에서 어떤 일을 하는 분인지를 살펴보았습니다. 그러나 이러한 지식이 당신의 삶을 변화시키지는 못합니다. 이런 지식이 이 사회를 개혁하지 못하는 것은 더 말할 것도 없습니다. 새로운 생활을 하고 새로운 사회를 이루려면 예수의 능력을 체험하고 그의 권세를 실감해야 합니다. 그러기 위해 당신은 어떻게 해야겠습니까?

_____

_____

이 과에서는 바로 이 질문에 대한 예수와 그의 제자들의 대답을 소개합니다. 이들의 제안을 진지하게 생각하십시오. 이 제안에 대해 당신이 어떤 결정을 내리든지 그 순간은 당신의 생애에서 중대한 순간이 될 것입니다.

1. 요한복음 3:16을 읽으십시오.
   (1) 하나님이 사랑하신 세상은 무엇을 가리키며 어떤 영역을 포함합니까? ___

   _____

   하나님이 사람의 영혼만 사랑하신 것은 아닙니다. 하나님은 온 인류를 사랑하시고, 그들이 사는 자연과 그들이 속한 사회까지도 사랑하셨습니다.
   (2) 하나님은 세상을 사랑하시기 때문에 독생자인 예수 그리스도를 우리에게 주셨습니다. 그가 이 세상을 위해 하신 일은 무엇입니까?(두 번째와 세 번째 만남을 복습해 보십시오.) _____

   _____

   _____

(3) 당신은 어떻게 해야 영생을 얻을 수 있습니까?(여기서 영생이란 하나님을 알고 그와 함께하는 삶을 말합니다.) _____

_____

2. 예수를 믿는다는 것은 구체적으로 어떤 행동을 의미, 혹은 포함합니까?

    (1) 로마서 10:9-10 _____

    (2) 요한복음 1:12 _____

    (3) 사도행전 2:38 _____

3. 예수를 믿으면 개인에게 어떤 변화가 일어납니까?(요한복음 5:24)

    (1) 현 상태 _____

    (2) 미래의 약속 _____

    (3) 과거의 변화 _____

4. 한 사람이 예수를 믿으면 그 사람 주위에 어떤 변화가 있으리라고 기대할 수 있습니까?

    (1) 가정(사도행전 16:30-31) _____

    (2) 이웃(요한일서 4:11) _____

    (3) 사회(마태복음 5:13-16) _____

5. 예수를 믿으면 우리 각자는 하나님과 특별한 관계를 맺게 됩니다. 즉 하나님의 백성(베드로전서 2:9), 하나님의 자녀(요한복음 1:12)가 됩니다. 이 말은 우리가 하나님과 관계를 맺는 순간 이미 그를 믿는 다른 사람들과도 관계를 맺게 됨을 뜻합니다. 로마서 12:5은 이 관계를 어떻게 표현합니까?

_____

6. 예수를 믿는 사람들은 필연적으로 서로 관계를 맺게 되고 이들은 모여서 한 몸을 이룹니다. 이것을 교회라고 부릅니다. 비록 오늘날 우리 눈에 보이는 교회들이 완전하지는 못하지만 예수는 자기의 피로 값을 지불하고 이 교회를 샀습니다(사도행전 20:28). 성경은 예수와 교회의 관계를 어떻게 묘사합니까?(에베소서 5:23)

_____

7. 이제까지 예수에 대해서 공부했습니다. 지금까지 배운 것을 복습해 봅시다.

    (1) 예수 그리스도는 사람이시며 또한 하나님이십니다.

(2) 예수 그리스도는 이 세상에서 완전한 삶을 사셨으며, 이 세상의 죄 때문에 십자가에서 죽으셨습니다.

(3) 예수 그리스도는 다시 살아나셔서 지금 이 세상을 다스리십니다.

(4) 이 예수 그리스도를 믿게 될 때 당신 개인이 변하고 이 세상이 변합니다.

이제 이분에 대해 당신의 마음을 결정할 때가 되었습니다.

당신이 알게 된 예수 그리스도를 믿기 원합니까? _____

예수를 믿는다면, 그의 몸의 지체로서 교회에 소속되기를 원합니까?

_____

8. 이제 새롭게 결심을 하면서 당신의 생각을 하나님께 말해 보십시오.

_____

_____

_____

_____

_____

_____

II

교제: 큐티의 이론과 실제

한번 하나님과 관계를 맺으면 아무도 끊을 수 없습니다. 그러나 그 관계가 깊어지기 위해서는 계속적인 교제가 필요합니다. 하나님과 개인적으로 단둘이 만나는 교제는 큐티를 통해서 할 수 있습니다.

큐티(Quiet Time)의 이론과 실제

그리스도를 모심으로 그리스도인이 되고 또 구원을 확신하게 되면 그분과 인격적인 관계를 맺게 됩니다. 그런데 세상에서도 대인 관계가 깊어지려면 서로 교제를 해야 하듯이 주님과 관계가 더욱 깊어지기 위해서는 주님과 개인의 인격적인 교제가 필요합니다. 개인적으로 이런 교제를 하는 시간을 '큐티(Quiet Time)' 혹은 '경건의 시간'이라고 부릅니다.

주님과 교제하려면 그분과 관계를 맺었다는 것이 전제되어야 합니다. 우선 당신 자신이 그분과 어떤 관계가 있는지 다시 한번 확인하십시오.

1. 예수님은 어떤 일을 하며 하루하루를 바쁘게 보내셨습니까?(마 4:23)

_____

당신은 어떤 일을 하며 하루하루를 바쁘게 보내는지 시간을 가장 많이 쓰는 일부터 차례로 써 보십시오. _____

_____

2. 누가복음 5:15-16을 읽으십시오. 예수님이 바쁜 일과 중에서 가장 중요하게 생각하신 시간은 무슨 시간입니까? _____

_____

3. 예수님이 하루 일과를 시작하시기 전 이른 아침에 가장 먼저 하신 일은 무엇입니까?(막 1:35) _____

당신은 아침을 어떻게 보냅니까? _____

_____

4. 다윗은 하나님의 마음에 합한 사람으로서 하나님의 뜻을 이루는 데 크게 사용되었습니다(행 13:22). 다윗이 하나님의 마음에 합한 사람이 될 수 있었던 것은 그가 하나님과 깊이 교제했기 때문입니다. 시편 5:3과 143:8을 읽고 다윗이 하나님과 어떻게 만났는지 요약해 보십시오. _____

_____

_____

바로 이렇게 하나님을 만나는 시간을 Quiet Time, 혹은 경건의 시간이라고 합니다. (질문) 나는 개인적으로 성경을 읽고, 공부도 하고, 시간을 내어 기도도 합니다. 그렇다면 나도 큐티를 하고 있는 것입니까? _____

_____

5. 그리스도인이라면 큐티를 해야 하는 이유를 생각해 봅시다.

(1) 하나님과 개인적으로 교제하기 위하여

한번 하나님과 관계를 맺으면 아무도 끊을 수 없습니다(롬 8:39). 그러나 그 관계가 깊어지기 위해서는 계속적인 교제가 필요합니다. 하나님과 교제하는 방법은 여러 가지가 있으나 하나님과 단둘이 개인적으로 만나는 교제는 큐티를 통해서 할 수 있습니다.

(2) 하나님의 인도와 보호를 받기 위하여

인도(시 119:105): 하나님의 말씀을 통해 _____

_____

보호(시 119:133): 하나님의 말씀을 통해 _____

_____

하나님은 일상생활에서 생기는 문제에 대해 큐티를 통해 구체적으로 답해 주십니다.

(3) 주의 성품, 인격, 생활을 닮기 위하여(고후 3:18)

그리스도인이 빛과 소금으로 드러나고 복음을 전하기 위해서는 '교인 티'보다는 진정한 그리스도인의 삶을 보여 주어야 합니다. 신앙 생활이 피상적인 종교 생활에 그치지 않고 나의 인격과 삶에 변화를 주기 위해서는 주님과 인격적으로 교제해야 합니다.

(4) 주님의 사역을 감당하기 위하여(눅 5:15-16, 막 1:35)

교회에서 맡은 일들과 세상에서 복음을 전파할 사명을 감당하려면 반드시 하나님과 교제함으로 힘을 얻고 방향을 제시받아야 합니다.

6. 큐티를 하는 데 정해진 방법이 있는 것은 아닙니다. 그러나 시작하는 것을, 또 계속하는 것을 돕기 위해 「생명의 삶」을 소개합니다.

「생명의 삶」을 사용하면 다음과 같은 좋은 점이 있습니다.

(1) 매일 필요한 말씀을 공급받을 수 있습니다.

(2) 적당한 양의 말씀을 묵상할 수 있습니다.

(3) 빠지지 않고 정기적으로 큐티를 할 수 있게 해 줍니다.

(4) 성경 말씀을 고르게 묵상하게 해 줍니다.

(5) 어려운 말씀을 이해하는 데 도움이 됩니다.

7. 「생명의 삶」을 활용해서 큐티를 하십시오(「생명의 삶」에 나온 활용 방법 참고).

찬양으로 시작하십시오.

찬양은 하나님께 나아가기 위한 마음의 준비입니다.

성령의 도우심을 구하십시오.

성령님은 성경의 저자이시며 성경은 그분의 감동으로 쓰인 것이므로 성령님이 분명하게 말씀을 깨닫도록 조명해 주십니다.

말씀을 들음으로 시작하십시오.

하나님께서는 말씀을 통해 자신을 우리에게 알려 주고자 하십니다(위로, 소망, 경고, 계획, 아이디어 등). 그러므로 귀를 기울여 오늘 우리에게 들려주시는 말씀을 들어야 합니다. 먼저 주어진 본문을 소리 내어 세 번 정도 반복해서 읽으십시오. 하나님의 말씀을 듣고자 하는 겸손함으로 말씀의 권위를 인정하며 정성

스럽게 읽는 것은 마음을 집중할 수 있는 방법입니다.

말씀을 묵상하고, 본문을 통해서 하나님(성부, 성자, 성령)은 어떤 분이신지, 그 분의 성품은 어떤지 찾아보십시오. 그리고 그 말씀에 자신을 비추어 하나님의 명령과 약속, 고백해야 할 죄, 실천해야 할 행동이 무엇인지 묵상해 보십시오. **구체적으로 적용하십시오.**

적용이 없는 말씀 묵상은 열매 맺지 못하는 나무와 같습니다. 말씀이 자신에게 의미하는 바를 반드시 노트에 적어 보십시오. 노트에 기록하면 불확실하던 것이 확실해지고 구체적으로 기도하게 됩니다.

말씀의 결과를 가지고 기도하십시오.

오늘 주신 말씀에 순종할 수 있도록 하나님의 도우심을 구하는 기도를 하십시오. **체험한 말씀을 나누십시오.**

말씀을 적용한 결과 일어난 일들을 믿음의 형제 자매들에게 이야기하십시오. 이렇게 은혜를 나누는 시간을 통해 나와 이웃이 사랑으로 두터운 관계가 됩니다.

여기에서 소개하는 것은 영적 전쟁에서 승리할 수 있게 돕는 작은 안내판에 불과합니다. 더 좋고 효과적인 방법들을 개발하고 활용할 수 있기를 바랍니다. 천천히 그러나 꾸준히 말씀과 동행하십시오. 풍성한 삶을 누리며 승리하는 그리스도인으로 살 수 있을 것입니다.

8. 시편 119:15, 97에서는 말씀 묵상을 강조합니다. 말씀을 묵상하는 것과 단순히 읽는 것은 어떻게 다릅니까? _____

_____

_____

9. 말씀이 내 발에 등이 되고 내 길에 빛이 되려면 말씀을 실생활에 적용해야 합니다. 적용은 내 생활을 돌아보거나 내다보면서 구체적인 사람, 사건 등과 묵상한 말씀을 연결하는 일입니다. 바람직한 적용을 위해서는 다음의 세 요소가 필요합니다.

(1) 개인적이어야 합니다(Personal)._____

_____

(2) 구체적이어야 합니다(Practical)._____

_____

(3) 가능해야 합니다(Possible)._____

_____

10. 큐티의 유익을 알더라도 규칙적으로 꾸준히 하기는 쉽지 않습니다. 성실하게 하기 위해서 다음의 조언을 참고하십시오.

(1) 경건 생활에는 훈련이 필요합니다(딤전 4:7). 훈련을 위해서는 자신의 생활을 절제할 필요가 있습니다(고전 9:25-26). 당신의 생활에서 큐티를 하는 데 어떤 것들이 방해가 됩니까?_____

_____

(2) 큐티를 점검하거나 같이 나눌 형제 자매를 만드십시오(히 10:24-25, 딤후 2:2).

교회의 각종 모임이나 구역 예배는 큐티를 계속하도록 격려와 도움을 줄 수 있습니다.

(3) 실패하더라도 낙심하지 말고 그날부터 다시 계속하십시오.

11. 7번에 따라 큐티를 실제로 해 봅시다. 본문은 요한복음 8:1-11입니다.

12. 큐티 내용을 서로 나누어 봅시다.

날짜　　　　년　　월　　일　　오늘의 말씀

제목과 말씀 요약

나에게 주시는 말씀

적용과 기도

III

성장: 일대일 양육 성경 공부

──────── **ONE TO ONE DISCIPLING** ────────

이제 당신은 그리스도인이 되었습니다. 이 말은 믿음으로 그리스도를 영접하여 그분이 주시는 사랑과 죄 용서함을 받았다는 말입니다. 즉 당신의 전인격을 그리스도에게 내어 드리는 것입니다.

전체적인 개요

승리하고 성령 충만한 삶을 사는 비결은 그리스도 중심의 삶을 사는 것입니다. 그리스도가 당신의 삶을 지배한다는 것은 그리스도에게 순종하고 당신 삶의 모든 권리를 그분에게 드리는 것을 의미합니다.

그리스도께서 친히 우리의 삶을 인도하실 때부터 우리의 삶에 놀라운 변화가 일어나게 될 것입니다. 그리스도를 의지하고 신뢰하는 것이 모든 그리스도인의 참된 소망입니다. 위 그림은 그리스도가 지배하는 삶을 설명하는 그림입니다.

• 중심 되신 그리스도 - 갈라디아서 2:20; 요한복음 15:5
• 구원의 확신 - 요한일서 5:13; 요한복음 5:24
• 하나님의 속성 - 역대상 29:11; 시편 36:5-6
• 성경 - 디모데후서 3:16; 베드로전서 2:2
• 기도 - 요한복음 15:7; 빌립보서 4:6-7
• 교제 - 로마서 12:4-5; 요한복음 13:34-35
• 전도 - 로마서 1:16; 베드로전서 3:15
• 성령 충만한 삶 - 에베소서 5:18; 갈라디아서 5:22-23
• 시험을 이기는 삶 - 고린도전서 10:13; 야고보서 1:14-15
• 순종하는 삶 - 로마서 12:1; 누가복음 9:23
• 사역하는 삶 - 베드로전서 2:9; 고린도전서 3:9

첫 번째 만남

이 과의 목표

1. 구원의 확신이 있는지 점검한다.
2. 믿음을 지, 정, 의, 세 측면에서 살펴봄으로써 구원의 확신을 견고히 한다.

준비 과제 ···

1. 매 주일 예배 설교를 기록하십시오.

2. 마태복음 1-4장을 읽으십시오.

3. "구원의 확신"을 미리 공부하십시오.

4. 요한일서 5:13과 요한복음 5:24을 암기하십시오.

5. 큐티(경건의 시간)를 하십시오.

첫 번째 만남
구원의 확신

1. 이제 당신은 예수를 믿고 그의 몸인 교회에 속했습니다. 다시 한번 묻습니다. 당신은 예수를 믿습니까?

이 질문에 분명히 "예"라고 대답하였다면 다음 질문에 솔직하게 대답해 보십시오.

2. 예수 그리스도가 지금 당신 안에 계십니까?   예 아니오 모르겠음

3. 당신은 죄 용서함을 받았다고 확신합니까?   예 아니오 모르겠음

4. 이제 하나님의 자녀가 되었습니까?   예 아니오 모르겠음

5. 당신은 영생을 얻었습니까?   예 아니오 모르겠음

6. 당신은 구원받았습니까?   예 아니오 모르겠음

7. 오늘 밤에 죽는다면 천국에 가리라는 확신이 있습니까? 예 아니오 모르겠음

8. 당신은 성령을 받았습니까?   예 아니오 모르겠음

9. 당신은 거듭났습니까?   예 아니오 모르겠음

10. 멸망의 심판을 받지 않을 것을 확신합니까?   예 아니오 모르겠음

다음 성경을 참고하십시오(계 3:20, 롬 8:1, 골 1:12-14, 요 1:12, 요일 5:11-13, 요 5:24, 행 16:31, 엡 2:8-9, 눅 23:42-43, 고전 12:3, 요 3:3-5, 딛 3:5, 요 3:18).

앞에서 당신은 당신의 마음 상태에 관한 열 가지 질문에 대답함으로 자신이 구원받았음을 확인했습니다. 이제 당신은 그리스도인이 되었습니다. 그리스도인이 되었다는 것은 믿음으로 그리스도를 영접하여 그분이 주시는 사랑과 죄 용서함을 받았다는 말입니다. 당신이 그리스도에게 당신의 지성과 감정과 의지를 헌신하는 것입니다. 다시 말해 당신의 전인격을 그리스도에게 내어 드리는 것입니다.

우리와 그리스도의 관계는 결혼 관계를 예로 들어 설명할 수 있습니다. 결혼 관계에도 지성, 감정, 의지라는 세 요소가 있어야 합니다. 한 남자가 자신의 약혼자가 자기에게 잘 맞는 사람이라는 것을 알고 또 마음으로 그 여자를 사랑할지라도 그것으로 결혼이 성립되는 것은 아닙니다. 결혼에는 지성과 감정 이상으로 의지가 필요합니다. 한 남자와 한 여자가 의지의 행위로 주례자 앞에서 남편과 아내가 될 것을 서약하기 전까지는 결혼이 성립되지 않습니다. 결혼이 성립되기 위해서는 주례자의 질문에 "예" 하는 분명한 한마디 대답이 필요합니다. 우리와 예수 그리스도의 관계도 마찬가지입니다. 먼저 그리스도를 지식적으로 알아야 합니다. 그리고 감정적인 체험도 필요합니다. 그러나 그것만으로 충분하지 않습니다. 이 두 가지가 확실하더라도 의지의 행위로 그리스도를 자신의 삶의 주님으로 모시지 않으면 그리스도인이 될 수 없습니다.

1. 지적인 이해
그리스도인의 헌신에서 필요한 세 요소에 대해서 하나씩 더 자세히 살펴봅시다. 기독교는 맹목적인 신앙이 아닙니다. 그것은 역사적인 사실 위에 세워진 것입니다. 이 사실들은 여러 세기를 거쳐 수많은 학자들의 연구와 조사를 통해 증명된 것입니다. 많은 뛰어난 학자들이 나사렛 예수의 생애, 교훈, 죽음과 부활, 그분이 끼친 영향에 대해서 조사하는 데 일생을 바쳤습니다. 예수의 부활 사건만 해도 이순신 장군이 한산도 앞바다에서 왜군을 무찌른 역사적인 사실보다도 더 증거가 확실합니다.

에드윈 셀윈 교수는 이렇게 말했습니다. "그리스도가 장사되었다가 사흘 만에 육체적으로 다시 살아난 사실은 지상에서 그를 알던 사람들로 하여금 그리스도와 새로운 관계를 맺게 했다. 그리고 그의 부활 사건은 아무도 부인할 수 없는 역사적인 증거가 있다."

그리스도의 부활 소식은 신약 시대 교회의 혁명적인 메시지였으며 오늘날에도 혁명적인 메시지입니다. 그것은 역사적인 사실이기 때문입니다.

그러므로 신앙에서 지적인 헌신을 하기 위해서는 성경에 기록된 복음의 내용을

분명히 이해해야 합니다. 이제 당신이 복음의 역사적 사실과 그 의미를 제대로 이해하고 있는지 살펴보십시오.

(1) 예수 그리스도는 누구십니까?

* 예수님은 자신을 어떻게 소개하셨습니까?

요한복음 10:30 _____

요한복음 14:8-9 _____

* 예수님의 주위에 있던 사람들은 그분을 어떻게 소개했습니까?

마태복음 14:33 _____

마태복음 27:54 _____

요한복음 20:28 _____

(2) 예수님은 어떤 일을 하셨습니까?

* 지상 생애 동안 예수님은 어떤 일을 하셨습니까?(행 10:38)

_____

* 예수님이 십자가에서 죽으신 목적은 무엇입니까?(막 10:45, 롬 5:8)

_____

(3) 예수님은 지금 무슨 일을 하십니까?

* 예수님은 자기가 죽은 후에 어떤 일이 일어날 것이라고 말씀하셨습니까?(마 16:21) _____

* 부활하신 예수님은 지금 어디서 무슨 일을 하십니까?(엡 1:20-23)

_____

(4) 당신은 예수님을 믿어야 합니다.

* 요한복음 3:16이 가르치는 바를 요약하십시오.

_____

_____

_____

2. 감정적인 체험

감정이란 어떤 특정한 행위나 사건, 혹은 경험에 대한 느낌이나 반응입니다. 사람에게는 감정이 있기 때문에 복음을 듣고, 예수님에 대한 사실을 알고, 그분을 믿게 되는 과정에는 반드시 감정의 반응이 따릅니다. 그러나 감정의 형태는 여러가지가 있는데 이것을 제대로 구별하지 못하면 하나님과의 관계에서 혼동이 일어나기 쉽습니다.

(1) 신앙에는 감정적인 반응이 있습니다.
베드로의 설교를 들은 예루살렘 사람들의 반응과 스데반의 설교를 들은 유대인들의 반응은 어떠했습니까?(행 2:37, 7:54)

_____

신앙은 정반대였지만, 이 두 부류에 속한 사람들에게는 공통적인 반응이 있었습니다.
(2) 감정적인 반응은 서로 다릅니다.
사도 바울은 어떠한 체험을 통하여 예수님을 알게 되었습니까?(행 22:6-10)

_____

바울의 체험적인 신앙과 디모데의 신앙을 비교해 보십시오(딤후 1:5).

성격이나 가정 배경에 따라 신앙의 감정적인 반응이 다릅니다. 당신은 어느편에 속한다고 생각합니까? _____
(3) 감정에 의존하지 마십시오.
인간은 본래 감정적인 존재이므로 감정은 우리 생활의 정상적인 부분입니다. 그리고 사람들은 서로 성격이 다르므로 하나님과 관계를 맺을 때 감정적으로 각기 다르게 반응하기 마련입니다. 감정적으로 매우 고조된 반응을 보일 수도 있고, 조용하고 차분한 반응을 보일 수도 있습니다. 이와 같이 감정은 다양한 것이기 때문에 어떤 특정한 감정에 의존하면 안됩니다. 감정적 체험은 필요하지만, 특별한 감정적 체험만 구하면 그리스도를 통해서 하나님과 맺게 된 참된 인격적인 관계에 대한 확신을 잃기 쉽습니다.

(4) 감정은 말씀과 믿음의 결과입니다.

구원의 확신은 하나님의 말씀의 권위에 근거합니다. 하나님께서 말씀하신 대로 한다면, 자신이 하나님의 자녀임을 확신할 수 있게 됩니다. 그리스도인은 하나님의 말씀과 그분의 신실성을 믿는 믿음으로 삽니다. 다음 기차 그림은 사실(하나님과 그분의 말씀)과 믿음(그분의 말씀에 대한 우리의 신뢰)과 감정(우리의 체험적 결과) 사이의 관계를 보여 줍니다.

3. 의지적인 결단

그리스도인이 되고 자신이 그리스도인임을 확신하는 데는 지성과 감정 외에 의지도 포함되어야 합니다. 그리스도는 우리가 구원을 확신하는 데 있어서 인간 의지의 중요성을 강조하셨습니다. 그러므로 그리스도인이 예수님을 믿고 따르기 위해서는 어떤 형태든 의지적인 결단이 필요합니다.

(1) 예수님은 젊은 관원에게는 어떤 의지적인 결단을 요구하셨습니까?(눅 18:22)

_____

모든 사람에게 똑같은 종류의 결단을 요구하시는 것은 아니지만, 모든 사람에게 공통적으로 원하시는 것은 신앙의 의지적인 결단입니다.

(2) 예수님을 만난 거지 소경은 어떻게 자신의 신앙 의지를 표현했습니까?(눅 18: 39, 41) _____

_____

당신은 주님을 믿을 때에 의지적인 결단을 분명하게 했습니까?_____

_____

4. 구원받은 신앙의 확증

전인격적인 신앙의 세 요소와 관련해서 하나님은 그리스도가 우리 속에 계시다

는 세 가지 확증을 보여 주십니다.

(1) 하나님의 말씀
외적으로 나타난 하나님의 말씀을 들 수 있습니다. 구원의 확신은 하나님의 말씀의 권위에 근거하는 것입니다. 요한일서 5:9-13을 읽으십시오.

(2) 성령의 내적 증거
성령은 우리 안에서 우리가 하나님의 자녀인 것을 증거하십니다. 로마서 8:16을 읽으십시오.

(3) 우리의 변화된 삶
중생을 체험하고 하나님의 자녀가 되었다는 가장 보편적인 증거는 여러분의 변화된 삶입니다. 요한일서 2:3-6을 읽으십시오.

두 번째 만남

이 과의 목표

1. 이 과에서 받은 말씀의 은혜를 가지고 결단의 기도를 드린다. 기도 제목을 나누고 책자 뒤에 있는 기도 계획표에 기록해 둔다.
2. 서로를 위해 간절히 중보 기도한다.

준비 과제 ···

1. 주일 예배 설교를 기록하십시오.

2. 요한복음 1-7장을 매일 한 장씩 읽으십시오.

3. "하나님의 속성"을 미리 공부하십시오.

4. 역대상 29:11-12과 시편 36:5-6을 암기하십시오.

5. 큐티(경건의 시간)를 하십시오.

두 번째 만남
하나님의 속성

우리는 이제 예수님을 믿음으로 하나님과 특별한 사이가 되었습니다. 우리는 자신이 하나님의 자녀임을 확신하며 영원히 그분과 함께 살게 될 것도 분명히 믿습니다. 성령님이 우리 마음 가운데 이런 확신이 있게 하셨습니다(롬 8:16). 이런 주관적인 확신으로 신앙 생활을 시작하는 우리에게 필요한 것은 우리가 믿는 분에 대한 객관적인 지식입니다. 이제는 철학적인 관념이 아니라 우리 가운데서 우리를 주장하실 그분을 더욱 잘 알아야 합니다. 그렇게 될 때 우리의 신앙은 더욱 확고해질 것입니다.

그리스도인으로서 당신은 이미 하나님을 알고 있습니다. 그러나 당신의 생활에서 항상 하나님이 중심에 계시게 하기 위해서는 그분의 속성을 좀 더 잘 알아야 합니다. 그래야 하나님의 백성으로서 하나님이 원하시는 삶을 살 수 있기 때문입니다. 성경은 하나님의 성품에 관해서 자세히 가르쳐 줍니다.

하나님과 그분의 성품에 대해서 모르기 때문에 불신하고 의심하며 사는 사람이 많습니다. 하나님에 대해 아는 것은 매우 중요한 일입니다. 하나님에 대해 모르면 주위에서 일어나는 일을 이해하기 어렵고 방향 감각 없이 인생을 살기 때문에 그릇된 행동을 하기 쉽습니다. 우리가 할 수 있는 가장 위대한 생각은 하나님에 관한 생각입니다. 그리고 이런 생각들은 하나님의 진리와 일치해야 합니다. 그럴 때 우리는 참예배를 드릴 수 있고, 진정한 그리스도인의 삶을 살 수 있습니다. 호세아 6:3, 6에서 호세아가 강조한 것은 무엇입니까? _____

하나님을 알기 위해 우선 성경에 나타난 하나님의 속성을 공부합시다.

1. 하나님께만 있는 성품(비공유적 속성)

이러한 성품은 오직 하나님께만 속한 것이므로 피조물이든 영적인 것이든 이 성품을 닮은 존재는 아무것도 없습니다. 이 성품들은 역대상 29:10-13에 기록되어 있습니다.

(1) 하나님은 주권자이십니다. 이 말은 지배자, 최고의 통치자라는 뜻입니다. 하나님은 이 우주의 최고 통치자이십니다.

로마서 11:36은 하나님의 주권을 어떻게 묘사하고 있습니까? _____
_____

이 사실을 생각할 때 내 인생에 대한, 내가 사는 이 세상에 대한 내 자세는 어떻게 변합니까? _____
_____

(2) 하나님은 영원하십니다. 하나님이 존재하지 않으시던 때는 결코 없습니다. 하나님은 시작도 끝도 없으신 분입니다. 그리고 시간의 제약을 받지 않으십니다. 하나님은 항상 살아 계셔서 현재처럼 분명하게 우리의 과거와 미래를 보십니다.

이사야 44:6, 디모데전서 1:17은 하나님의 영원성을 각각 어떻게 표현합니까?
_____

과거에 역사하신 하나님, 장래에도 영원히 역사하실 하나님이 현재에도 역사하신다는 사실을 깨달을 때 어떤 유익이 있습니까?(히 13:8) _____
_____

(3) 하나님은 전지하십니다. 하나님은 모든 것을 아십니다. 그분이 새롭게 발견하시는 사실은 아무것도 없습니다. 성도의 구원에 대해서, 이 세상의 모든 일에 대해서 그분이 모르시는 것은 하나도 없습니다.

하나님은 모든 지식의 근원이시며(사 40:12-14) 모든 것을 아신다고(요일 3:20)

했는데, 이 말은 우리 개개인의 모든 것도 다 아신다는 말입니까? _____

_____

하나님이 나에 대해 모든 것을 아신다는 사실을 아는 것이 내 생활 태도에 어
떤 영향을 미칩니까?(마 10:29-31) _____

_____

(4) 하나님은 모든 곳에 계십니다. 하나님은 무한하시고 모든 시간과 공간을
초월하여 존재하십니다. 그러므로 하나님을 피해 숨을 수 있다는 생각은 어리
석은 생각입니다. 하나님이 모든 곳에 계시다는 믿음이 있는 사람들은 언제나
하나님의 임재를 깨닫고 그분과 동행하는 복을 누리며 살 수 있습니다.

하나님이 천지에 충만하다(렘 23:24)는 말의 의미는 무엇입니까? _____

_____

하나님이 어디에나 계시다는 신앙은 나의 경건 생활에 어떤 유익을 줍니
까?(시 139:7-8) _____

_____

(5) 하나님은 전능하십니다. 하나님은 만물의 힘을 모두 합한 것보다 더 큰 힘
이 있으십니다. 그래서 그분은 그의 능력으로 만물을 창조하시고, 보전하시고,
구속하시고, 특별히 우리 믿는 사람들을 구원하셨습니다.

하나님은 전능하시며 그 능력을 실제로 베푸십니다(시 147:5, 엡 3:20). 이런 신
앙이 있으면, 힘든 상황이나 약해졌을 때 어떤 유익이 있습니까?(빌 4:13, 고후
12:9) _____

_____

(6) 하나님은 변치 않으십니다. 약속하신 일들을 모두 이행하십니다. 그러므
로 우리는 하나님을 신뢰할 수 있습니다.

하나님의 섭리는 다양하게 변할 수 있지만 하나님은 불변하십니다(시 102:27,
약 1:17).

하나님의 섭리를 이해하지 못하더라도 하나님의 불변성을 믿으면 어떤 유익

이 있습니까?(롬 8:28) _____

_____

2. 하나님과 사람 모두에게 있는 성품(공유적 속성)

이러한 성품은 하나님께 속한 것이며, 하나님과 인간의 관계에서 발견할 수 있습니다.

(1) **인자:** 하나님은 사랑이십니다. 그분은 사랑하는 대상에게 어떤 장단점이 있든지 상관없이 아낌없는 사랑을 베푸십니다. 그분은 예수님을 세상에 보내시어 우리 대신 우리의 죄를 위하여 죽게 하심으로 우리에 대한 그분의 사랑을 나타내셨습니다(롬 5:8).
하나님의 사랑은 어떻게 나타났습니까?(요 3:16) _____
그런 사랑을 받은 내가 해야 할 일은 무엇입니까?(요일 3:16) _____

_____

(2) **성실:** 하나님은 언제나 진실하십니다. 인간은 끊임없이 진리를 추구합니다. 인간이 찾는 거짓 없는 진리는 하나님에게서 찾을 수 있습니다.
하나님에게는 거짓이 없습니다(딛 1:2). 하나님의 백성인 우리가 모든 영역에서 거짓 없이 진실하게 살려면 어떻게 해야 합니까?(빌 2:15)

_____

(3) **의로움:** 하나님은 잘못된 일을 하지 않으십니다. 하나님은 완전하시기 때문에, 그분 안에 살기를 바라는 사람들에게도 완전함을 요구하십니다. 이런 실현 불가능한 기준은 구원이 인간적으로 불가능하고, 하나님의 은혜에 의지해야 가능하다는 사실을 가르쳐 줍니다.
하나님은 의로우십니다(신 32:4).
하나님의 백성인 우리도 하나님처럼 의로워야 합니다(마 5:48). 그렇게 되기 위해 우리가 할 수 있는 일은 무엇입니까? _____

_____

(4) 공의: 하나님은 공정하십니다. 하나님의 공명정대함은 심판에서 잘 나타납니다. 하나님은 인간을 아주 공정하게 심판하실 것입니다. 이 말은 어떤 이에게는 돌이켜 회개할 수 있는 위안의 말씀이 되고, 그렇지 않은 사람들에게는 경고가 될 것입니다.

이러한 성품을 잘 이해함으로써 내 삶에서 변화되어야 할 모습에는 어떤 것이 있을까요?(롬 1:18-19) _____

_____

3. 삼위일체

사람들은 자연 만물을 통해서도 어느 정도 하나님을 알 수 있습니다(롬 1:19). 그러나 그렇게 해서 얻은 지식은 완전하지 않습니다. 예수님은 하나님을 알기 위해서는 예수 그리스도 자신을 알아야 한다고 말씀하셨습니다(요 14:7). 그리고 그 예수님을 우리에게 알리는 분은 성령님이십니다(요 16:14). 그러므로 하나님을 알기 위해서는 성부, 성자, 성령 이 세 분을 알아야 합니다.

"그러므로 너희는 가서 모든 민족을 제자로 삼아 아버지와 아들과 성령의 이름으로 세례를 베풀고"(마 28:19)라고 하신 명령은 이 세 분이 각각 구별되면서 같은 권위가 있음을 보여 줍니다.

(1) 요한복음 10:30을 읽으십시오. 예수님은 자신을 어떻게 소개하셨습니까?

_____

_____

그런 예수님이 요한복음 5:19, 30에서는 자신과 하나님 아버지를 분명히 구분하셨습니다. 이 두 말씀이 예수님과 하나님 아버지 사이를 설명합니다.

(2) 사도행전 5:3-4에서는 성령을 속이는 것이 곧 하나님을 속이는 것이라고 합니다. 그런데 이 성령은 누가 보내십니까?(요 14:16) _____

성령은 하나님과 같은 위치에 있으면서도 하나님과 구별됩니다.

(3) 성령을 다른 말로 무엇이라 부릅니까?(요 16:7) _____

성령이 자기 영광보다 그리스도의 영광을 나타내는 것으로 보아(요 16:14) 성령과 예수 그리스도는 분명히 구별됩니다.

삼위일체 되신 하나님을 받아들일 때 우리는 다른 종교나 철학이 말하는 신들과 우리 하나님을 구별해서 바르게 믿을 수 있습니다.

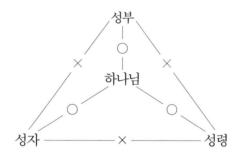

세 번째 만남

이 과의 목표

1. 성경의 기록 목적을 알고 이에 따라 성경을 읽어 나간다.

2. 성경 연구의 다섯 가지 방법을 알고 실제로 성경을 빠르게 보는 훈련을 한다.

준비 과제 ....

1. 주일 예배 설교를 기록하십시오.

2. 요한복음 8-14장을 매일 한 장씩 읽으십시오.

3. "하나님의 말씀-성경"을 미리 공부하십시오.

4. 디모데후서 3:16과 베드로전서 2:2을 암기하십시오.

5. 큐티(경건의 시간)를 하십시오.

세 번째 만남
하나님의 말씀—성경

성경은 약 1,500년 동안 40여 명이 쓴 책을 한 권으로 묶은 책입니다. 구약은 모세와 선지자들이 하나님께 받은 말씀입니다. 역사를 통해 계속 입에서 입으로, 문서로 전승되어 오다가 주전 5세기경에 모세 오경이, 주전 2세기경에 선지서와 문학서가 각각 정경으로 확정되었습니다. 구약은 39권이며 대부분 히브리어로 쓰였습니다.

신약은 하나님의 감동을 받은 사도들의 기록과 서신을 모은 것입니다. 초기에는 그 내용이 구전되었고, 사도들이나 그 계승자들이 살아 있어서 지금처럼 확정되지 않은 채 있다가 주후 4세기경에 지금의 성경이 정경으로 채택되었습니다. 교회의 권위라 채택한 것이 아니라, 처음부터 성경으로 사용하던 것을 공식적으로 인정한 것입니다. 신약은 27권이며 전부 헬라어로 쓰였습니다.

Οὕτως γὰρ ἠγάπησεν ὁ θεὸς τὸν κόσμον, ὥστε τὸν υἱὸν τὸν μονογενῆ ἔδωκεν, ἵνα πᾶς ὁ πιστεύων εἰς αὐτὸν μὴ ἀπόληται ἀλλ᾿ ἔχῃ ζωὴν αἰώνιον.

성경은 교양이나 학문을 가르치기 위해서가 아니라 우리에게 하나님의 구원에 관한 지식과 하나님과 동행하는 생활에 필요한 여러 지침을 주기 위해 기록되었습니다. 성경의 근원과 기록 목적은 무엇입니까?(딤후 3:15-16) ＿＿＿＿＿＿＿＿

성경 전체의 중심 인물은 누구입니까?(요 5:39) _____

성경 말씀을 대하는 그리스도인의 당연한 자세는 무엇입니까?(벧전 2:2) _____

성경을 배우고 삶에 적용하는 방법은 모든 그리스도인들이 알아야 하는 중요한 것입니다. 이 과에서는 성경 말씀을 우리의 것으로 만들게 해 주는 다섯 가지 방법을 제시합니다. 성경을 연구하는 다섯 가지 방법을 다섯 손가락과 비교해 설명할 수 있습니다. 만일 한두 손가락으로 성경책을 붙잡으면 쉽게 놓칠 것입니다. 그러나 손가락을 다 사용하면 놓치지 않고 잘 붙잡을 수 있습니다. 이것은 영적으로도 마찬가지입니다. 만일 말씀을 암송하고, 연구하고, 읽고, 듣고, 묵상한다면 성경을 확실하게 이해하고 삶에 적용하게 됩니다. 책을 잘 붙잡으려면 엄지손가락과 다른 손가락들의 힘이 균형을 이루어야 하듯이, 말씀을 잘 이해하려면 말씀을 묵상하는 것과 말씀을 듣고, 읽고, 연구하고, 암송하는 것이 조화를 이루어야 합니다.

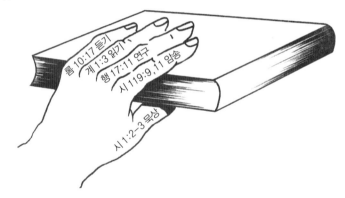

1. 듣기: "그러므로 믿음은 들음에서 나며 들음은 그리스도의 말씀으로 말미암았느니라"(롬 10:17).

   (1) 어떤 마음이 하나님의 말씀을 가장 잘 듣고 실행할 수 있습니까?(눅 8:15).

      ① 착하고 좋은 마음

      ② 빈틈없고 신중한 마음

      ③ 열려 있으나 냉담한 마음

      ④ 논리적이고 탐구하는 마음

(2) 데살로니가전서 2:13과 사도행전 17:11은 설교를 듣는 태도를 가르칩니다. 각각 어떤 태도를 강조합니까? _____

_____

그리스도인들 대부분은 선포되는 말씀을 듣습니다. 그러나 들은 말씀을 지키는 사람이 더 복이 있습니다. 우리는 들은 말씀을 기억하고, 인용하는 성경 구절들과 설교 요점에 주의를 기울여야 합니다. 그러기 위해서 항상 설교 노트를 준비해서 기록하는 습관을 들이는 것이 좋습니다.

2. 읽기: "이 예언의 말씀을 읽는 자와 듣는 자와 그 가운데에 기록한 것을 지키는 자는 복이 있나니"(계 1:3).

요즈음은 누구나 성경을 사서 읽을 수 있습니다. 그러나 그런 혜택을 누리게 된 지 그리 오래되지 않습니다. 과거에는 책을 손으로 필사했으므로 성경이 귀했고, 인쇄기가 발명된 후 성경이 인쇄되긴 했지만 단가가 엄청나게 비쌌습니다. 또 성경 대부분이 라틴어로만 번역되어 있어서 일반인들이 자기 나라 말로 읽을 수 없었습니다. 게다가 한때는 교회가 권위를 유지하기 위해 평신도가 성경을 읽는 것을 금하기도 했습니다.

(1) 성경을 매일 읽어야 하는 이유를 적어 보십시오(신 17:19).

_____

(2) 요한계시록 1:3을 당신 자신의 말로 써 보십시오.

_____

_____

여기서 말하는 성경 읽기는 성경이 귀하던 시대에 공중 예배 때 성경을 낭독하던 것을 의미하지만 성경을 쉽게 구해서 읽을 수 있는 현대에는 개인적으로 읽는 것에 적용할 수 있습니다. 성경을 체계적으로 읽을 계획을 세워 보십시오.

3. 연구: "베뢰아에 있는 사람들은 데살로니가에 있는 사람들보다 더 너그러워서 간절한 마음으로 말씀을 받고 이것이 그러한가 하여 날마다 성경을 상고하므로"(행 17:11).

(1) 잠언 2:4은 우리가 어떤 자세로 말씀을 연구해야 한다고 말합니까? _____

(2) 성경을 연구하는 목적은 무엇입니까?(딤후 2:15) _____

연구하는 것은 더 주의를 기울여서 성경을 읽는 것입니다. 성경을 읽다가 새롭게 발견하는 사실들을 메모해 두면 좋습니다. 읽는 것이 연구하는 것보다 더 빠르고 쉽습니다. 그러나 연구하면 그 말씀을 생각하게 되고 기억하게 됩니다.

(3) 초신자들의 성경 공부를 위한 보조 자료는 다음과 같은 것이 있습니다.
    - 관주 성경, 성구 사전, 성서 핸드북
＊ 그러나 성경 주석은 피하십시오. 도움이 되기는 하나, 주석을 과신하거나 의존하게 하는 문제가 있기 때문입니다.

4. 암송: "청년이 무엇으로 그의 행실을 깨끗하게 하리이까 주의 말씀만 지킬 따름이니이다 내가 주께 범죄하지 아니하려 하여 주의 말씀을 내 마음에 두었나이다"(시 119:9, 11).

(1) 하나님은 우리가 그분의 말씀을 어떻게 하기를 원하십니까?
신명기 11:18 상 _____
잠언 7:3 하 _____

(2) 마태복음 4:4, 7, 10에서 예수님은 사탄의 시험을 어떻게 이기셨습니까?
_____

(3) 골로새서 3:16에서 "그리스도의 말씀이 너희 속에 풍성히 거하여"라는 말씀은 무슨 뜻이라고 생각합니까? _____
_____

하나님의 말씀을 오래 기억하기 위해 시간을 투자해서 성경 구절을 암기하는 것보다 더 유익한 방법은 없다. – 도슨 트로트먼

(4) 성구 암송 계획을 세우고 그것을 실행해야 합니다. 생각을 말로 표현할 수 있도록 성경 구절을 하나씩 외워 보십시오.
(5) 사람에 따라 암기 능력의 차이가 있습니다. 그러므로 암송을 절대화해서는 안됩니다. 그러나 그리스도인들의 생활에 기본이 되는 성경 구절은 반드시 외우고 있어야 합니다. 본 양육 과정에서 암송하는 22구절은 그리스도인으로서 꼭 외워야 할 기본 구절들입니다. 반드시 외우고 은사에 따라 더 많은 구절들을 외우십시오.

5. 묵상: "복 있는 사람은 악인들의 꾀를 따르지 아니하며 죄인들의 길에 서지 아니하며 오만한 자들의 자리에 앉지 아니하고 오직 여호와의 율법을 즐거워하여 그의 율법을 주야로 묵상하는도다"(시 1:1-2).

묵상은 하나님의 말씀을 이해하며 그 말씀을 되새겨서 우리의 삶에 적용하게 해 줍니다. 그래서 묵상은 우리의 삶에서 하나님의 뜻이 무엇인지 확신하게 해 줍니다.
말씀을 묵상하려면 다음의 질문을 먼저 하십시오.
　(1) 본문 문맥에서 이 말씀의 의미는 무엇인가?(올바른 해석은 오직 하나입니다.)
　(2) 이 말씀이 내 생활에 어떤 영향을 주는가?(적용하는 방법은 여러 가지입니다.)
설교를 들을 때, 매일 정해진 시간에 성경을 읽을 때, 말씀을 깊이 연구할 때, 암기한 말씀을 복습할 때마다 위의 두 질문을 하면서 묵상하십시오.

　(1) 하나님의 말씀을 끊임없이 묵상하는 자에게는 어떤 약속을 주십니까?
　시편 1:2-3 _____
　여호수아 1:8 _____

(2) 누가복음 6:45을 생각해 보십시오. 하나님의 말씀에 대한 묵상이 여러분의 말과 행동에 영향을 줄 수 있다고 생각합니까? 만일 그렇다면 어떻게 영향을 줄 수 있다고 생각합니까?

(3) 하나님의 말씀을 이해하려면 부지런히 배우는 것 외에 어떻게 해야 합니까?(시 119:18, 73, 125)

다음 도표는 우리 자신의 습관을 분석해 보고 성경을 우리의 것으로 만드는 데 도움이 됩니다. 빈칸을 채우면서 새로운 목표를 위해서 기도하십시오.

성경을 대하는 방법	현재 주간 계획	새로운 목표와 계획
말씀을 들음		
말씀을 읽음		
말씀을 연구함		
말씀을 암송함		
말씀을 묵상함		

성경은 지식을 증가시키라고 주신 것이 아니라 삶의 변화를 위해 주신 것이다. -드와이트 엘 무디

성경에 대한 무지는 그리스도에 대한 무지다.-제롬

나는 대학 교육의 가치를 충분히 인정한다. 그러나 대학 교육 없는 성경 지식이 성경을 모르는 대학 교육보다 훨씬 더 값지다. 성경 지식이 충분한 사람은 교육을 받은 것이나 다름없다. 어떤 것에 대한 배움도, 폭넓은 지식도, 성경 지식과는 바꿀 수 없다.-윌리엄 리용 펠프스

네 번째 만남

이 과의 목표

1. 기도의 필요성을 깨닫고 실제로 기도에 힘쓴다.

2. 기도가 무엇이며, 기도는 무엇 때문에 하며, 기도의 내용과 자세는 어떠해야 하는지 안다.

준비 과제

1. 주일 예배 설교를 기록하십시오.

2. 요한복음 15-21장을 매일 한 장씩 읽으십시오.

3. "기도"의 내용을 미리 공부하십시오.

4. 요한복음 15:7과 빌립보서 4:6-7을 암기하십시오.

5. 큐티(경건의 시간)를 하십시오.

6. 신약 성경의 책 이름을 기억하십시오.

기 도

기도는 하나님과 우리의 친밀한 교제를 완성합니다. 하나님께서는 성경 말씀으로 우리에게 말씀하시며, 우리는 기도로 하나님께 응답해야 합니다. 기도를 통해 우리는 하나님께 우리의 마음을 아뢸 수 있습니다. 기도는 하나님의 능력이 나타나게 하는 방법이기도 합니다. 영적 싸움은 기도를 통해서 승리할 수 있습니다. 기도를 통해서 그리스도의 뜻이 이루어집니다. 삶을 변화시키는 하나님의 능력은 기도를 통해서 체험할 수 있습니다. 우리는 주로 불신앙 때문에 기도의 이러한 능력을 이용하지 않습니다. 초대 교회 사도들은 기도하는 법을 알았고, 역사를 움직이시는 하나님의 능력을 믿었기 때문에 놀라운 역사를 이룰 수 있었습니다. 그때 역사(役事)하신 바로 그 하나님을 오늘 우리가 섬기고 있음을 기억하십시오.

1. 기도란 무엇입니까?

기도는 단순하게 하나님과 의사를 소통하는 것입니다. 그것은 서로 사랑하는 하나님과 그리스도인 사이의 대화입니다. 하나님의 자녀로서 우리는 은혜의 보좌 앞에 확신 있게, 담대히 나아갈 수 있습니다(히 4:14-16).

기도가 무엇인지 정확히 알기 위해 기도에 대한 일반적인 오해를 살펴보겠습니다.

  (1) 기도는 혼자서 하는 참선이나 명상이 아닙니다. 기도는 살아 계신 하나님께 하는 것입니다.
  (2) 기도는 세상의 다른 종교에서 신에게 비는 것과는 다릅니다. 기도는 예수

님을 믿는 사람이 예수님의 이름으로만 할 수 있습니다(요 16:24).

(3) 기도는 내가 원하는 것을 일방적으로 청구하는 것이 아닙니다. 기도의 목적은 하나님과 나의 관계를 더욱 깊게 하는 것입니다.

(4) 기도는 예배 때만 하는 것이 아닙니다. 기도는 골방에서 시작됩니다(마 6:6).

(5) 기도는 종교적인 말을 의미 없이 되풀이하는 것이 아닙니다. 기도는 구체적인 내용을 아뢰는 것입니다(마 6:7).

이러한 오해가 생기지 않도록 기도에 대해 살펴보겠습니다.

2. 누구에게 기도합니까?

(1) 성령의 사역을 통하여, 주 예수 그리스도의 이름으로, 하나님 아버지께 기도합니다. 우리의 기도는 그리스도로 말미암아 유효하게 되고, 성령에 의해 하나님 아버지께 전달됩니다. 그러므로 기도하는 사람이 먼저 믿어야 할 사실은 무엇입니까?(히 11:6) _____

_____

(2) 하나님은 삼위의 인격체 중에 한 분이시기 때문에 예수님이나 성령께도 기도할 수 있습니다. 그러나 예수님이 가르치신 성경적인 모범은 하나님께 기도하는 것입니다. 우리가 기도할 때 누가 우리를 위한 중보자가 되십니까?

로마서 8:34 _____

로마서 8:26-27 _____

_____

3. 누가 기도할 수 있습니까?

(1) 그리스도께 속한 사람이 기도할 수 있습니다. 하나님이 아닌 다른 신들을 믿는 사람이라도 본능적으로 기도는 합니다. 그러나 이러한 무지한 기도에는 위험이 따릅니다. 진정한 기도는 그리스도 안에서 하나님의 자녀가 된 사람만 할 수 있습니다.

(2) 예수님의 권세와 이름으로 나오는 사람이 기도할 수 있습니다.

    ① 예수님은 자신이 아버지께로 나아올 수 있는 유일한 길이라고 말씀하십니다(요 14:6).

    ② 예수님은 하나님과 우리 사이의 유일한 중보자이십니다(딤전 2:5).

    ③ 예수님은 우리가 그의 이름으로 구하면 우리에게 주겠다고 약속하십니다. 그의 이름으로 기도하는 것은 어떤 행운을 기원하는 것 이상의 일입니다. 그것은 그리스도의 모든 권세를 힘입어서 아버지께 간청할 수 있는 것입니다. 우리 자신의 이름을 의지하는 것이 아니라 바로 그분의 이름을 의지하여 구하는 것입니다(요 14:14).

4. 왜 기도해야 합니까?

(1) 하나님과 대화를 통해 교제하기 위해서입니다. 하나님과 사랑의 관계를 유지하려면 기도해야 합니다. 하나님은 우리가 기도로 그분께 나아오기를 기다리십니다. 하나님이 우리와 교제하기를 원하신다는 것은 참으로 놀라운 사실입니다.

(2) 하나님을 영화롭게 하기 위해서입니다(요 14:13).

(3) 영적인 성장을 위해서입니다. 어린아이가 신체적으로 성장하려면 음식을 먹어야 하듯이 우리가 영적으로 성장하려면 영의 양식이 필요합니다. 하나님께 우리의 사정을 아뢰고 그분이 말씀을 통해 우리에게 응답을 보여 주시는 기도는 영적 양식의 중요한 공급원입니다. 기도하지 않는다면 우리는 승리하는 삶을 살아갈 힘과 그리스도를 증거할 용기를 잃고 영양실조에 걸리고 말 것입니다.

(4) 하나님의 계획을 이루기 위해서입니다. 기도는 하나님께서 이 지구상에서 그분의 전능하신 역사들을 성취하기 위해 개입하시는 거룩한 방법입니다. 성경에는 기도로 말미암아 날씨가 변하고 감옥에 갇힌 사람들이 풀려나는 놀라운 일들이 기록되어 있습니다. 하나님은 지금도 여전히 기도에 응답하십니다. 기도는 그리스도가 살아 계시다는 증거를 많이 보여 주는 방법입니다.

(5) 나의 소망을 아뢰기 위해서입니다. 기도를 통해서 우리는 하나님께 우리가 원하는 바를 아뢸 수 있습니다(빌 4:6-7).

5. 언제 기도해야 합니까?

(1) 끊임없이 기도해야 합니다. 매일 삶 속에서 일어나는 모든 일을 하나님과 자신의 관계 속에서 바라보고 그 일에 대하여 하나님과 대화를 나누는 것이 필요합니다.

(2) 매일 특별히 시간을 정해 기도해야 합니다. 성경을 묵상하고 그것을 생활에 적용하면서 하나님께 기도하는 것이 유익합니다. 이것을 '경건의 시간 (Quiet Time)'이라고 부릅니다.

(3) 그룹 기도는 그리스도인의 기도 생활 가운데 중요한 부분입니다. 대화식 기도에서는 한 사람이 한 가지 사실에 대해서만 간단히, 요점만, 하나님 말씀에 근거하여 기도합니다. 또한 한목소리로도 기도할 수 있습니다(행 1:14).

6. 무엇을 기도해야 합니까?

한 손에 손가락이 다섯 개 있듯이 손 모아 기도할 때도 다섯 요소가 있습니다. 이것을 기도의 길잡이로 사용하면 기도의 삶을 균형 있게 유지하는 데 도움이 됩니다.

(1) 찬양: 하나님의 성품과 특성을 인정하는 것입니다. 하나님의 사랑과 능력과 위엄, 하나님의 놀라운 선물인 그리스도를 찬양하십시오. 어떻게 찬양해야 합니까?

역대상 29:11 _____

시편 145:1-6 _____

(2) 고백: 하나님께 우리의 죄를 고백하고 하나님 앞에서 그것을 시인하는 것입니다. 솔직하고 겸손하십시오. 하나님이 여전히 우리를 사랑하심을 잊지 마십시오. 왜 고백이 중요합니까?

요한일서 1:9 _____

시편 32:5 _____

(3) 감사: 하나님께서 우리에게 주신 모든 것에 대해서, 마음에 들지 않는 일까지도 하나님께 감사하는 것입니다. 감사하는 삶을 통하여 하나님의 뜻을 더 잘 알게 됩니다.

에베소서 5:20 _____

시편 100:4 _____

(4) 중보: 다른 사람의 상황을 알아서 그들의 필요를 위해서 하나님께 구하는 것입니다. 중보 기도에는 어떤 내용이 있습니까?

골로새서 1:9-12 _____

골로새서 4:2-4 _____

야고보서 5:16 _____

디모데전서 2:2 _____

(5) 간구: 우리 자신에게 필요한 것을 하나님께 구하는 것입니다. 이것은 특별한 요청입니다. 어떻게 간구해야 합니까?

마태복음 7:7-8 _____

야고보서 4:2-3 _____

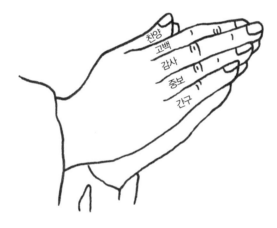

7. 어떻게 하면 확신 있게 기도할 수 있습니까?

(1) 거하라

만일 우리가 그분께 순종하고 그분의 말씀이 우리 안에 거하면 우리는 그의 뜻을 알고 우리가 원하는 것을 구할 수 있습니다(요 15:7). 우리의 뜻이 곧 하나님의 뜻을 실행하는 것이기 때문입니다. '거하는 것'은 자신의 모든 죄를 고백하고, 하나님께서 사용하시기에 부족함이 없는 삶을 사는 것입니다.

(2) 구하라

기도의 응답을 받으려면 어떻게 해야 합니까?(약 4:2-3)

요한복음 14:14, 16:24 _____

(3) 믿으라

예수님은 무엇을 약속하십니까?(마 21:22) _____

_____

하나님은 우리에게 위대한 믿음을 요구하지 않으십니다. 우리가 위대하신 하나님을 그저 믿기를 바라십니다. 믿음의 생활은 오직 순종하는 사람들만 체험하는 것입니다. 믿으라고 명령하시는 하나님께 순종하지 않으면서 믿음을 갖게 되는 사람은 결코 없을 것입니다.

믿음으로 우리의 기도는 응답받습니다. 우리가 그리스도 안에 거하고, 성령의 지배를 받으며, 하나님의 말씀과 뜻을 따라 기도하고, 하나님께서 그 기도에 응답하실 것을 믿으면 응답받을 준비가 된 것입니다.

다섯 번째 만남

이 과의 목표

1. 그리스도인의 교제에는 하나님과의 교제와 성도 간의 교제가 있음을 안다.
2. 지체들의 하나 됨과 다양성을 알고 사랑으로 교회의 덕을 세워 나간다.

준비 과제 ....

1. 주일 예배 설교를 기록하십시오.

2. 빌립보서를 읽으십시오.

3. "교제"의 내용을 미리 공부하십시오.

4. 로마서 12:4-5과 요한복음 13:34-35을 암기하십시오.

5. 큐티(경건의 시간)를 하십시오.

6. 신약 성경의 책 이름을 복습하십시오.

교 제

교제는 사람들과 만나서 사귀는 것입니다. 그러한 교제는 그리스도인에게도 필요합니다. 그리스도인들의 교제는 세상의 교제와는 특성이 다릅니다. 일반적인 교제는 일정한 거리를 둔 개개인들에게서 시작되지만 그리스도인들의 교제는 인간 사이의 막힌 담을 허신 십자가(엡 2:13-14)에서 시작됩니다. 그러므로 그리스도인의 교제는 십자가로 시작된 교회에서만 가능합니다. 이 교회는 건물이나 조직이 아니라 그리스도인들로 이룬 그리스도의 몸을 말합니다. 그러므로 참교제는 그리스도인들이 함께 모여 하나님을 예배하는 데서 시작되고, 예배를 통해서 완성될 수 있습니다.

예배를 통한 교제
예배하러 교회에 가는 사람들 중에 예배의 목적을 '설교를 듣는 것'으로 생각하는 사람이 많습니다. 그러나 설교를 듣는 것이 예배의 중요한 부분이기는 하지만 그것이 예배의 목적이 될 수는 없습니다. 근본적으로 예배는 나를 위한 것이 아니고 하나님을 위한 것입니다. 그리스도인의 공동체가 모여서 하나님을 예배하는 데 예배의 의의가 있습니다.

1. 하나님이 우리의 예배를 통해서 원하시는 바는 무엇입니까?(레 10:3) _____

_____

_____

하나님을 위해서, 그분의 영광을 위해서 함께하는 예배가 하나님이 기뻐하시는 참예배입니다.

2. 참예배를 드리기 위해서는 무엇보다도 예배드리는 사람들의 자세가 중요합니다.

(1) 요한복음 4:24에서는 신령과 진정으로 하나님께 예배하라고 했습니다. 이 말씀에 따라 예배하는 사람의 마음 자세는 어떠해야겠습니까?

_____

(2) 시편 95:6, 전도서 5:1-2은 예배하는 사람의 외적인 자세를 가르쳐 줍니다.

_____

3. 예배가 복잡해야 할 필요는 없습니다. 그러나 예배는 우리의 마음과 삶을 하나님께 드리며 그 안에서 하나가 되는 시간이어야 합니다.

(1) 사도행전 2:42은 예배에 필요한 요소 네 가지를 가르쳐 줍니다. 어떤 것이 있습니까? _____

_____

(2) 이 외에 예배에 포함되어야 할 것들을 생각해 보십시오(대상 16:29, 골 3:16, 시 47:1-2, 5)._____

_____

4. 찬양은 하나님을 예배하는 데 가장 중요한 요소입니다.

(1) 찬양을 통해 우리는 우리를 구원하신 하나님에 대한 절대적인 신뢰를 선언하며, 사탄의 공격에 대항하는 믿음의 방패를 들게 되며, 주님이 능력을 나타내시게 할 수 있습니다.
(2) 찬양은 우리의 삶 가운데서 성령을 자유롭게 합니다. 때로는 찬양이 하나님의 성령의 새로운 감동에 앞서가기도 합니다.
(3) 찬양은 모든 진실한 그리스도인들의 연합에 크게 기여합니다.
(4) 찬양은 우리의 마음을 주님께 고정하는 데, 우리의 귀를 주님의 말씀에 집중하는 데, 그의 사랑이 우리 마음에 부어지기 위하여 준비하는 데 도움이 됩니다.

(5) 찬양은 하늘 나라의 언어이므로 찬양을 통해 하늘 나라를 미리 맛보게 됩니다.

성도 간 교제

"십자가 아래서는 땅에 있는 모든 사람이 평등하다"고 말한 사람이 있습니다. 이 말이 맞다면 모든 그리스도인들에게는 하나님의 가족으로서 친밀한 구성원이 될 특권이 있습니다. 우리는 다른 사람들에게 배우고 서로 용기를 북돋아야 합니다. 그리스도인들이 함께 모여서 서로 세워 줄 때 참다운 성도의 교제가 이루어집니다. 만일 우리가 다른 그리스도인에게서 고립된다면 그리스도인의 교제가 있을 수 없습니다. 하나님은 모든 그리스도인들이 믿음의 가족으로서 지역 교회의 활발한 구성원이 되기를 원하십니다.

1. 지체 의식이 있어야 합니다.

"이와 같이 우리 많은 사람이 그리스도 안에서 한 몸이 되어 서로 지체가 되었느니라"(롬 12:5).

   모든 그리스도인들은 서로 지체가 됩니다. 바울은 사람의 몸에 비유하여 이 점을 설명했습니다. 고린도전서 12:14-26을 읽어 보십시오. 그리고 이 말씀의 결론을 요약해 보십시오(고전 12:27).

   따로따로 있던 지체들이 모여서 몸을 이루는 것이 아닙니다. 원래 몸은 지체들로 구성되어 존재합니다. 마찬가지로 개개인으로 있던 그리스도인이 모여서 그리스도의 몸인 교회를 이루는 것이 아니라 개개인이 그리스도인이 될 때 이미 그리스도의 몸의 지체로서 교회를 이루는 것입니다.

   그리스도의 몸은 보이지 않는 모든 그리스도인들을 말하기도 하지만, 성경은 많은 부분에서 그리스도의 몸을 구체적으로 지역 교회들에 초점을 맞추어 설명합니다. 그러므로 그리스도인들은 일정한 지역 교회에 소속하여 참여해야 합니다. 그리고 지체로서 맡은 일들을 즐겨 감당해야 합니다.

2. 주 안에서 하나 되어야 합니다.

"몸이 하나요 성령도 한 분이시니 이와 같이 너희가 부르심의 한 소망 안에서 부르심을 받았느니라"(엡 4:4).

마귀의 궤계의 목표는 그리스도인들의 연합을 파괴하는 것입니다. 마귀는 혼동과 무분별과 잘못된 교리의 권위자입니다. 우리는 마귀의 궤계를 막을 수 있는 힘을 성경에서 발견할 수 있습니다. 그리스도 안에서 한마음을 품을 때 그런 힘을 얻게 됩니다. 요한복음 17장을 보면 예수님은 제자들이 연합하여 하나 되게 해달라고 아버지께 간구하셨습니다. "거룩하신 아버지여 내게 주신 아버지의 이름으로 그들을 보전하사 우리와 같이 그들도 하나가 되게 하옵소서"(요 17:11). 그리스도인의 하나 됨이 바로 복음의 본질을 나타내는 것입니다. 그리고 그 본질은 "하나님께서 그리스도 안에 계시사 세상을 자기와 화목하게 하셨다"(고후 5:19)는 사실을 포함합니다. 그리스도는 실로 육신을 입고 이 세상에 오신 하나님이셨습니다. 그분은 아버지와 하나이셨고, 지금도 하나이십니다. 만일 그리스도의 몸에서 일치가 파괴된다면, 불신자들에게 그리스도가 하나님이시라는 사실을 전하는 가장 강한 수단이 파괴되는 것입니다. 교회에서 불신자들에게 예수님이 하나님이시라는 사실을 확신시킬 수 있는 요소는 하나 됨, 즉 서로 같은 뜻을 품는 것입니다(요 17:21). 인간이란 어디에서나 일치하지 못하는 성향이 있기 때문에 그들에게 이 사실은 경이로운 것입니다. 진정한 일치, 참으로 하나 됨을 발견할 때 불신자들은 그러한 사랑의 모임에 참여하고 싶은 마음이 들 것입니다.

3. 각 사람의 다양성을 이해해야 합니다.

"우리 각 사람에게 그리스도의 선물의 분량대로 은혜를 주셨나니"(엡 4:7).

그리스도인들은 그리스도 안에서 하나가 되었지만 여러 면에서 서로 다른 점이 많습니다. 서로 상대방의 다른 점을 이해할 때 그리스도의 몸을 이룰 수 있습니다.

(1) 은사가 다릅니다.

구원은 한 성령 안에서 받지만, 그 성령이 주시는 은사는 다양합니다. 어떤 이에게는 구제의 은사를, 어떤 이에게는 가르치는 은사를, 또 어떤 이에게는 방언하는 은사를, 어떤 이에게는 영을 분별하는 은사를 주십니다. 이런 다양한 은사를 주신 것은 서로 비교하고, 비판하기 위함이 아니라 서로 협력해서 그

리스도의 몸을 이루기 위함입니다.

(2) 믿음의 정도가 다릅니다.

"믿음이 연약한 자를 너희가 받되 그의 의견을 비판하지 말라"(롬 14:1).

"먹는 자는 먹지 않는 자를 업신여기지 말고 먹지 않는 자는 먹는 자를 비판하지 말라 이는 하나님이 그를 받으셨음이라"(롬 14:3).

성숙한 그리스도인이라면 그리스도 안에서 믿음이 강하지 못한 형제의 반응에 민감해야 할 것입니다. 그런 형제가 실족하거나 죄에 빠지지 않도록 행동을 조심해야 합니다. 지역 교회의 성도가 이것을 조심한다면 교회가 하나되는 역사가 일어날 것입니다.

(3) 인간적인 배경이 다릅니다.

그리스도의 몸인 교회 안에 편견과 편애와 차별이 있다면 그것은 하나님의 법을 어기는 것이고, 교회의 기능을 파괴하는 것입니다. 우리는 모두 하나입니다. 부유한 사람이나 가난한 사람이나, 젊은 사람이나 늙은 사람이나, 남자나 여자나 모두 그리스도 안에서 하나며, 그리스도 안에는 지방색이란 있을 수 없습니다. 만일 외모로 사람을 취하면 그리스도의 몸의 일치와 조화와 하나됨을 파괴하는 것입니다.

〈에베소서 2:11-22〉 사람들이 그리스도의 피로 말미암아 하나님께 가까이 나올 때 문화적, 인종적, 국가적, 종교적 장벽이 무너지게 됩니다. 처음에는 서로 원수이던 사람들이 함께 그리스도의 지체가 될 때 평화가 찾아옵니다. 모든 성도가 함께 하나님 아버지께 가까이 갈 수 있습니다. 그들 안에 같은 영이 거하시기 때문입니다. 우리는 모두 하나님의 영이 거하는 성전으로 지어져 가고 있습니다.

4. 서로 사랑해야 합니다.

"새 계명을 너희에게 주노니 서로 사랑하라 내가 너희를 사랑한 것같이 너희도 서로 사랑하라"(요 13:34).

이 권고의 말씀은 교회의 기능을 설명하는 비슷한 논리를 또 하나 소개합니다. 가족이라는 개념은 따뜻함과 관심과 성실함을 포함합니다. 형제 사랑은 가족 구성원 간에 있어야 하는 사랑을 말합니다. 즉 교회 안에서 그리스도인들은 한 가

족인 형제와 자매로서 서로 사랑해야 한다는 말입니다. 우리는 하나님의 가족입니다. 우리는 모두 영원한 하나님의 가족으로 다시 태어났습니다.

(1) 참사랑은 말보다는 무엇으로 나타나야 합니까?(요일 3:18)

_____

(2) 초대 교회는 이 사랑을 어떻게 표현했습니까?(행 4:32)

_____

5. 서로 덕을 세워야 합니다.

"그러므로 피차 권면하고 서로 덕을 세우기를 너희가 하는 것 같이 하라"(살전 5:11).

바울은 데살로니가의 성도에게 서로 관심과 사랑을 품으라고 권면했습니다. 그들은 서로 권면하고 훈계하고 위로하는 것의 중요성을 배워 나갔습니다. 서로 격려하는 일의 중요성을 깨달았습니다. 그것은 하나님의 진리 때문입니다.

"이러므로 우리가 하나님께 끊임없이 감사함은 너희가 우리에게 들은 바 하나님의 말씀을 받을 때에 사람의 말로 받지 아니하고 하나님의 말씀으로 받음이니 진실로 그러하도다 이 말씀이 또한 너희 믿는 자 가운데에서 역사하느니라"(살전 2:13).

특별한 권면이 필요한 사람에게 하나님의 말씀을 전할 준비를 해야 합니다. 성경 말씀을 잘 모르면 또한 성경 말씀으로 서로 권면할 수 없습니다. 그러므로 모든 신자들은 개인의 성장뿐 아니라 다른 사람의 성장을 돕고 온 교회가 함께 성장하도록 하나님의 말씀을 열심히 배워야 합니다.

결론

그리스도의 몸인 교회에서 모든 사람들은 교회의 부흥에 헌신해야 합니다. 교회는 성경 말씀과 하나님을 믿고, 서로 사랑하고 돌보며, 모든 사람이 구원받기 원하며, 하나님과 이웃과 친교를 체험하기 원하는 사람들의 단체가 되어야 합니다. 예수님도 세상에 계실 때 이것을 위해 기도하셨습니다.

"내가 비옵는 것은 이 사람들만 위함이 아니요 또 그들의 말로 말미암아 나를 믿는 사람들도 위함이니 아버지여, 아버지께서 내 안에, 내가 아버지 안에 있는 것 같이 그들도 다 하나가 되어 우리 안에 있게 하사 세상으로 아버지께서 나를 보내신 것을 믿게 하옵소서"(요 17:20-21).

여섯 번째 만남

이 과의 목표

1. 이 세상과 세상일에 대해서 성서적으로 이해한다.

2. 복음 전파의 기본적인 자세와 방법론을 알며, 구체적인 생활 속에서 복음 전파에 힘쓴다.

준비 과제 ···

1. 주일 예배 설교를 기록하십시오.

2. 요한일·이·삼서와 유다서를 읽으십시오.

3. "전도"의 내용을 미리 공부하십시오.

4. 로마서 1:16과 베드로전서 3:15을 암기하십시오.

5. 큐티(경건의 시간)를 하십시오.

6. 구약 성경 창세기부터 잠언까지 책 이름을 기억하십시오.

전 도

하나님은 세상 만물을 창조하신 후에 사람들에게 중요한 사명을 주셨습니다. "하나님이 그들에게 복을 주시며 하나님이 그들에게 이르시되 생육하고 번성하여 땅에 충만하라, 땅을 정복하라, 바다의 물고기와 하늘의 새와 땅에 움직이는 모든 생물을 다스리라 하시니라"(창 1:28). 이 사명은 하나님이 모든 사람들-신자, 불신자, 남자, 여자-에게 주신 지상 명령입니다. 하나님을 창조주로 믿는 그리스도인들은 누구보다도 이 명령에 더 잘 순종해야 합니다.

예수 그리스도는 십자가의 구속 사역을 이루고 부활하신 후에 제자들에게 중요한 사명을 주셨습니다.
"그러므로 너희는 가서 모든 민족을 제자로 삼아 아버지와 아들과 성령의 이름으로 세례를 베풀고 내가 너희에게 분부한 모든 것을 가르쳐 지키게 하라 볼지어다 내가 세상 끝날까지 너희와 항상 함께 있으리라"(마 28:19-20).

"오직 성령이 너희에게 임하시면 너희가 권능을 받고 예루살렘과 온 유대와 사마리아와 땅 끝까지 이르러 내 증인이 되리라 하시니라"(행 1:8).

이 사명은 예수님을 믿는 사람만 받은 특별한 사명입니다. 그러므로 그리스도를 주님으로 믿는 사람들은 이 명령에 순종해야 합니다.

1. 세상에 대한 자세
먼저 세상에 대해서 성경적인 자세가 있어야 세상에서 복음을 분명하게 전할 수

있습니다. 교회와 세상의 관계에 대해 다음 같은 세 가지 견해가 있습니다.

(1) 대립으로 보는 반대의 입장

(2) 타협으로 보는 중재의 입장

(3) 정복으로 보는 변혁의 입장

이 세 입장 중에서 그리스도인이 취해야 할 가장 건전한 입장은 변혁의 입장입니다. 그리스도인들은 먼저 세상에서 나와 교회로 부름받은 사람들입니다. 동시에 그리스도인들은 그 교회에서 나와서 세상 속으로 들어가는 사람들입니다. "하나님은 세상에서 분리된 건물이 아니라 세상 속으로 보내어진 사람들 가운데 거하십니다."-토머스 길레스피

2. 세상 일에 대한 자세

하나님은 우리의 '교회적인' 활동에만 관심을 제한하지 않으십니다. 하나님은 우리가 어떻게 기도하며 성경을 읽고 찬송하는지에 관심이 있으시듯이, 우리가 집에서 페인트를 칠하는 일이나 학교에서 가르치는 일에도 관심이 있으십니다. 하나님은 '세속적인 것'과 '신성한 것'을 구별하지 않으십니다. 모든 것은 하나님의 주권 아래 있기 때문입니다. 우리의 삶에서 하나님이 우리를 부르셨으므로 우리는 모든 활동을 하나님을 찬양하며 사람들을 섬길 기회로 삼아야 한다는 것을 깨달아야 합니다. 우리는 "나는 목사가 아니라 목수입니다" 하고 말하기보다는 "나는 나의 목수 일을 통해 목사로 일하고 있습니다" 하고 말해야 합니다.

(1) 창세기 3:17-18을 읽으십시오. 아담의 범죄의 결과는 무엇입니까?

일 자체가 범죄의 결과는 아닙니다. 일은 창조 원리에 속합니다. 아담의 범죄의 결과는 하나님이 주신 그 신성한 일에 고통이 따르게 되었다는 것입니다.
(2) 구원받은 그리스도인인 우리는 세상의 일을 어떤 시각으로 보아야 합니까?(골 3:23)

그리스도 안에서 새로운 피조물이 된 그리스도인은 세상의 일을 보는 눈도 달라져야 합니다.

복음을 전하는 그리스도인은 현재 그들이 살고 있는 사회를 올바로 이해하고, 그들이 하고 있는 일에 대해 적극적인 자세로 임해야 합니다. 그런 사람이라야 복음을 제대로 전할 수 있습니다.

3. 복음 전파

그리스도인들은 그리스도 안에서 영적 생활의 풍성함을 다른 사람들도 누리도록 전해야 합니다. 우선 우리가 전하는 말에 신뢰성을 더하기 위해 경건한 생활을 보여 주어야 합니다. 전도를 효과적으로 하기 위해 전도의 기본적인 방법도 익혀야 합니다. 전도를 위해 훈련을 받고 경험을 쌓으면 우리 모두가 하나님의 손에 의해 다듬어진 도구가 될 것입니다.

1. 복음 전파의 기본 자세

증인은 법정에서 자기가 아는 것을 말하게 되어 있습니다. 그리스도의 증인은 예수 그리스도에 대해 자신이 아는 것과 그분을 인격적으로 신뢰하는 생활을 다른 사람에게 전해야 합니다.

(1) 안드레가 예수님을 만난 후에 제일 먼저 한 일은 무엇입니까?(요 1:40-42)
_____
_____

(2) 바울은 사람들에게 무엇을 말했습니까?(행 22:15)
_____
_____

(3) 바울은 무엇을 부끄러워하지 않는다고 말했습니까?(롬 1:16) _____
왜 그것을 부끄러워하지 않는다고 했습니까? _____
_____
_____

2. 생활을 통한 전도

(1) 어그러지고 거스르는 세대 가운데 사는 우리는 하나님의 자녀로서 어떠한 삶을 살아야 합니까?(빌 2:15) _____

_____

우리는 세상에 어떠한 모습으로 나타나야 합니까? _____

_____

(2) 마태복음 5:16에서, 사람들은 무엇을 보고 그리스도인의 빛된 삶을 발견합니까? _____

그 결과는 무엇입니까? _____

여러분은 날마다   사람들은
복음의 편지를   여러분이 쓰는 것을 읽지요.
한 장씩 쓰고 있지요.   거짓이거나 진실이거나
여러분이 행하는   여러분은
행동과 말들로.   어떤 복음을
                 전하고 있습니까?

3. 입을 열어 하는 전도

(1) 예수님께 고침을 받은 소경은 신학 훈련을 전혀 받지 않은 사람이었습니다. 그러나 그는 아주 간결하고도 효과적인 증언을 했습니다. 그는 어떤 사실을 말했습니까?(요 9:25) _____

(2) 베드로전서 3:15을 읽으십시오.

① 다른 사람들에게 그리스도를 증거하기 전에 먼저 무엇을 해야 합니까?

_____

② 우리 속에 있는 소망은 무엇입니까? _____

③ 다른 사람들이 우리 속에 있는 소망에 관심을 갖게 하는 것은 무엇입니까? _____

④ 전도할 때 우리의 태도는 어떠해야 합니까? _____

_____

4. 전도의 전략

예수님은 잃어버린 자들을 찾아서 구하려고 세상에 오셨습니다. 그분은 우리 안에 계시므로, 우리는 그분을 증거할 용기를 주시길 그분께 구할 수 있습니다. 짧은 시간이라도 어떤 사람과 함께 있을 때마다, 우리는 하나님의 사랑과 용서의 기쁜 소식을 전하기 위해 그 시간, 그 자리에 있게 되었음을 기억해야 합니다. 우리는 사람들에게 복음을 전해서 그들이 자기의 삶을 그리스도에게 헌신하게 해야 합니다. 그러나 어떤 사람들이 그리스도를 주님으로 영접하지 않더라도 실망할 필요는 없습니다. 그것은 하나님이 하시는 일이기 때문입니다. 우리의 책임은 사랑과 진실한 관심을 기울여 그들에게 복음을 전하는 것입니다.

상황에 따라 다음과 같은 전략을 세울 수 있습니다.

(1) 일대일로 만나기 어려운 사람이 많은 경우에는 전도지를 나누어 줍니다.

(2) 이삼십 분 정도 일대일로 이야기할 시간을 낼 수 있는 경우에는 최고의 행복, 사영리, 다리 예화, 전도 폭발 등의 방법을 사용합니다.

(3) 정기적으로 만날 수 있는 경우(직장 내에서, 교회에 출석하는 경우에), 전도 성경 공부를 할 수 있습니다.

전략은 다를지라도 전하는 복음의 내용은 같아야 합니다. 바울이 전한 복음의 주제는 무엇입니까?(고전 1:23-24) _____

구원받지 못한 사람들에게 그리스도를 소개하는 것이 왜 중요합니까?(요 14:6, 행 4:12) _____

_____

전도는 어떤 계획이나 이론을 소개하는 것이 아니라 한 인물, 예수 그리스도를 소개하는 것입니다.

(4) 상황에 따라 자신의 간증을 나누는 것도 효과적입니다. 사도행전 26:1-29을 읽어 보고 바울의 간증을 정리해 보십시오. 그리고 당신 자신의 간증을 만들어 보십시오.

• 그리스도를 영접하기 전의 삶과 생각:

• 그리스도를 영접하게 된 동기:

• 그리스도를 영접한 후에 일어난 변화:

5. 전도의 생활화

(1) 성공적으로 전도를 생활화하려면 성령의 능력 안에서 그리스도를 전하고 그 결과를 하나님께 맡겨야 합니다(딤후 4:2, 골 1:28-29).

(2) 전도할 때 세 가지 요소를 주의해야 합니다.

　① 하나님이 필요할 때 쓰실 수 있도록 항상 준비되어 있어야 합니다.

　② 사람을 만나는 기회를 하나님이 예비하신 기회로 생각하십시오.

　③ 대화의 주제를 예수 그리스도께 돌리도록 하십시오.

(3) 기도해야 합니다.

사람들이 그리스도께로 나오도록 기도하고 그들에게 그리스도를 전하는 것이 우리의 책임입니다. 사람들의 마음속에 믿음을 주시고 그들의 삶을 변하게 하시는 분은 하나님입니다. 그러므로 우리가 그들의 구원을 위해 기도하면 하나님께서 응답해 주십니다. 그러나 막연하고 피상적인 기도가 응답받으리라고 기대해서는 안됩니다. 진정으로 그들을 사랑하는 마음으로 그들의 구원을 원하는 마음으로 기도해야 합니다. 그러기 위해서 특별히 기도가 필요한 사람들의 이름을 불러 가며 기도하고, 하나님이 응답해 주셨으면 언제 어떻게 응답해 주셨는지 기록해 놓으십시오.

(4) 적극적으로 전해야 합니다.

　① 사람들이 오기를 기다리지 말고 복음을 가지고 사람들에게 가십시오. 성령께서 자신을 누군가에게 인도하시기를 기다리겠다는 말은 언뜻 보기엔 신앙적인 것 같으나 사실은 주님의 뜻을 모르는 말입니다. 주님은 이미 우리에게 "가서 모든 사람에게 복음을 전하라"고 명령하셨습니다.

　② 주님의 명령이기 때문에 전도하지만, 더욱 바람직한 것은 전도가 생활

화되는 것입니다. 사람들을 만나고, 하나님께서 만나게 해주시는 사람들에게 복음을 전하십시오. 사랑을 보이고 자연스럽게 대화를 이끌어 나가십시오. 예수님이 우물가의 여인에게 하신 말씀(요 4:7)이나 빌립이 구스(에디오피아) 내시에게 한 말(행 8:30)이 좋은 예가 됩니다.

(5) 화제를 그리스도에게로 돌려야 합니다.

교회에 관한 이야기를 시작하면서 항상 교회의 머리이시고, "질그릇에 담긴 보배"이신 그리스도를 소개하도록 합니다.

(6) 결과를 기대해야 합니다.

전도할 때에 사람들의 반응을 기다리십시오. 우리의 기술이나 신념을 의지하지 말고 하나님의 사랑과 능력과 약속을 신뢰해야 합니다.

일곱 번째 만남

이 과의 목표

1. 그리스도인이 승리하는 신앙생활을 하기 위해서는 성령 충만이 필요하다는 것을 깨닫는다.
2. 성령 충만은 무엇이며 이를 받기 위한 방법이 무엇인지 안다.

준비 과제 ....

1. 주일 예배 설교를 기록하십시오.

2. 에베소서를 읽으십시오.

3. "성령 충만한 삶"을 미리 공부하십시오.

4. 에베소서 5:18과 갈라디아서 5:22-23을 암기하십시오.

5. 큐티(경건의 시간)를 하십시오.

6. 구약 성경 창세기부터 잠언까지 책 이름을 복습하십시오.

성령 충만한 삶

성령은 모든 성도 안에 거하십니다. 성령은 우리를 거듭나게 하셨을 뿐 아니라 거듭난 후에 우리가 그리스도 중심의 삶을 살아갈 힘을 공급하십니다. 우리는 스스로 자신을 다스릴 수 없으므로 그리스도인의 삶에서 성령의 인도하심은 필수적입니다. 이러한 삶을 성경은 '성령 충만한 삶'이라고 합니다. 지금까지 배운 그리스도가 다스리는 삶의 네 영역(말씀, 기도, 교제, 전도)에서 성장하려면 성령 충만해야 합니다.

1. 성령 충만이란 무슨 의미입니까?

'충만'이란 말은 '지배를 받는다'는 뜻이므로 성령 충만이란 성령님의 지배를 받고 그의 능력으로 채워지는 것을 말합니다. 성령님은 그리스도를 영화롭게 하기 위해서 오셨고(요 16:14) 그리스도의 영(롬 8:9)이므로, 성령 충만함을 받는다는 것은 그리스도로 충만한 것이요, 그리스도 안에 사는 것이며, 그리스도의 삶을 사는 것이고 그의 인격과 성품이 드러나는 것입니다.

(1) 에베소서 5:18에서는 성령의 충만을 받는 것을 술 취하는 것과 대조합니다. 그렇다면 성령의 충만을 받는 상태는 어떤 상태입니까? ＿＿＿＿＿＿＿

＿＿＿＿＿＿＿＿＿＿＿＿＿＿＿＿＿＿＿＿＿＿＿＿＿＿＿＿＿＿＿＿＿

성령 충만은 종교적으로 신비한 상태에 들어가는 것을 말하지 않습니다. 그렇다고 감정이 메마른 극도의 이성적인 상태를 말하는 것도 아닙니다. 성령 충만의 외적인 표현은 사람에 따라 다릅니다. 그러나 공통된 것은 성령에게 붙잡힌 바 되는 것입니다.

2. 누가 우리를 성령 충만하게 하십니까?

우리가 성령 충만을 간구할 수는 있습니다. 그러나 우리를 성령 충만하게 하시는 분은 삼위일체이신 하나님이십니다.

요한복음 20:22을 보십시오. 예수님은 제자들에게 어떻게 성령을 주셨습니까?

_____

사도행전 8:17을 보십시오. 사마리아인들이 성령을 받도록 두 사도는 무엇을 했습니까? _____

사도행전 10:44을 보십시오. 베드로는 무엇을 했습니까? _____

_____

성령 충만에 있어서 하나님의 역사와 사람의 역할을 혼동해서는 안됩니다.

3. 왜 성령 충만을 받아야 합니까?

우리가 예수를 믿고 새로운 생활을 시작하더라도 육신을 입고 이 세상에서 사는 한 죄짓는 것을 피할 수 없습니다(요일 1:8). 그렇기 때문에 사도 바울 같은 사람도 "오호라 나는 곤고한 사람이로다 이 사망의 몸에서 누가 나를 건져내랴"(롬 7:24) 라고 탄식했습니다.

갈라디아서 5:17은 이러한 갈등을 어떻게 묘사합니까? _____

_____

때때로 자연인에게 있는 양심적인 생각이나 윤리적인 행동으로도 갈등을 이길 수 있습니다. 그러나 육신을 입고 있는 한 우리의 힘만으로는 영적으로 결국 패배할 수밖에 없습니다. 우리의 옛 사람은 이런 갈등을 이길 수 없습니다.
로마서 8:9-10,13-14은 그리스도인들이 이런 갈등을 이기려면 어떻게 해야 한다고 말합니까? _____

_____

＊ 성령 = 하나님의 영 = 그리스도의 영

4. 어떻게 하면 성령 충만을 받을 수 있습니까?

영적으로 새로 태어나는 순간 신자들은 성령을 받습니다(롬 8:16, 고전 12:3). 그 순간부터 신자들이 마음과 생활로 얼마나 성령님께 순복하느냐에 따라 신앙이 점차적으로 성장하게 됩니다. 모든 그리스도인들이 성령의 인도 아래 살지만 다 성령 충만한 생활을 하는 것은 아닙니다. 그래서 구원을 얻을 때는 우리가 성령을 받는 것이고, 성화 과정 즉 신앙이 성장하는 과정에서는 성령이 우리를 계속 주장하도록 해야 하는 것입니다. 성령 충만은 단 일회적인 경험이 아니라, 그리스도인의 생활 가운데 계속적으로 일어나는 것입니다. 성령으로 충만하려면 다음 같은 단계가 필요합니다.

(1) 성령 충만의 필요를 느끼고 간구해야 합니다.

우리는 오직 믿음으로만 성령 충만을 받게 됨을 명심해야 합니다. 진실한 기도는 믿음을 표현하는 방법입니다. 이렇게 기도해 보십시오.

"사랑하는 하나님 아버지, 저는 주님이 필요합니다. 제가 제 삶을 주관해 왔고 그 결과로 주님께 죄를 지었음을 고백합니다. 저를 대신하여 그리스도께서 십자가에 죽으심으로 제 죄를 용서해 주셔서 감사합니다. 이제 주님께서 제 삶을 다스려 주시기를 원합니다. 성령 충만함을 받으라고 명하시고, 믿음으로 구하면 주겠다고 약속하신 주님의 말씀대로 제 마음을 깨끗하게 하시고 성령으로 충만케 하옵소서. 주의 성령으로 저를 충만케 하시고 제 삶을 주관해 주심을 믿으며 감사합니다. 예수님의 이름으로 기도합니다. 아멘."

이 기도가 당신의 마음의 소원을 나타낸다면 바로 지금 하나님께서 당신을 성령으로 충만케 해주실 것을 믿으십시오.

(2) 죄를 회개하고 자신을 깨끗이 해야 합니다.

만일 죄로 인해 우리가 삶의 주인이 된다면 그것은 불순종의 행동입니다. 그럴 때 우리는 죄를 고백해야 합니다. 그러면 하나님이 우리의 죄를 사하시며 우리를 모든 불의에서 깨끗게 하십니다(요일 1:9). 고백이란 우리의 죄를 하나님 앞에서 인정하고, 그 죄가 예수 그리스도의 십자가의 피로 사함받은 것을 믿으며, 그 죄에서 돌이켜 태도를 새롭게 하는 것을 의미합니다.

고백해야 할 죄를 찾아내기 위하여 자신을 바라보며 자기 연민에 빠질 필요는

없습니다. 그래서는 안됩니다. 우리가 하나님과 그분의 의를 목마르게 사모하고, 우리의 죄를 진정으로 모두 고백했다면, 그것으로 족합니다. 하나님은 그의 약속에 따라 우리를 용서하시고 성령으로 충만케 하실 것입니다.

(3) 하나님께 자신의 생활을 전적으로 의탁해야 합니다.

믿음은 다른 말로 하면 신뢰입니다. 하나님을 믿는다는 것은 그분을 신뢰하고 의지할 대상으로 삼는 것을 말합니다. 이런 태도가 있는지는 상황이 좋을 때보다 상황이 나쁠 때 더 잘 알 수 있습니다. 사랑하는 사람을 잃거나, 병으로 몸이 고통스럽거나, 파산하거나, 인격적으로 모욕을 당할 때도 하나님만 의지하고 그분만 신뢰한다면, 그것이 바로 성령 충만한 삶입니다.

5. 성령 충만을 받은 결과는 무엇입니까?

(1) 일상생활에서 그리스도의 성품이 드러납니다.

갈라디아서 5:22-23에 기록된 성령의 열매가 그리스도의 성품입니다. 암기해서 적어 보십시오. _____

(2) 담대히 복음을 전하게 됩니다.

성령 충만에 대한 주님의 약속(행 1:8)이 초대 교회에서 어떻게 성취되었습니까?(행 4:31) _____

(3) 필요에 따라 각종 은사가 나타납니다.

초대 교회가 성령 충만할 때 어떤 일이 일어났습니까?(행 2:4) _____

하나님이 우리를 성령으로 충만하게 하실 때 필요에 따라 각종 은사를 주십니다(롬 12:6-8, 고전 12:4-11). 우리는 감사하면서 그 은사들을 주의 영광과 교회의 덕을 위해 사용해야 합니다.

6. 언제 성령의 충만함을 받을 수 있습니까?

하나님은 우리가 받을 준비만 되어 있으면 언제든지 우리의 필요를 채워 주려고 하십니다. 성령의 세례는 한 번이지만 그 이후 계속되는 성령의 역사가 있습니다.

    (1) 처음(행 1:5) _____

    (2) 계속(엡 5:18) _____

여덟 번째 만남

이 과의 목표

1. 그리스도인이 경험하는 유혹과 시험에 대하여 살핀다.

2. 그 시험이 어떻게 발생하며, 그러한 시험들에 어떻게 대처하면서 승리할 수 있는지를 이해한다.

준비 과제

1. 주일 예배 설교를 기록하십시오.

2. 야고보서를 읽으십시오.

3. "시험을 이기는 삶"을 미리 공부하십시오.

4. 고린도전서 10:13과 야고보서 1:14-15을 암기하십시오.

5. 큐티(경건의 시간)를 하십시오.

6. 구약 성경 전도서부터 말라기까지 책 이름을 기억하십시오.

시험을 이기는 삶

그리스도인이 성령 충만한 삶을 살지라도, 이 세상에서 육신을 입고 있는 한 완전히 죄가 없는 생활은 할 수 없습니다(고전 10:12). 그것은 마귀가 아직도 우는 사자같이 삼킬 자를 찾고 있기 때문입니다. 유혹과 죄에 빠지지 않는 사람은 없기 때문에 하나님께서 주시는 구원을 이해하는 것이 중요합니다. 자신의 힘만으로는 승리하는 삶을 살 수 없습니다. 하나님께서 승리하게 해 주신다는 사실을 받아들이십시오.

성경에서 말하는 시험은 세 종류입니다. 각 시험이 어떻게 다른지 살펴보십시오.
  (1) 시련(약 1:2-4) _____
  (2) 유혹(약 1:13-14) _____
  (3) 테스트(창 22:1) _____

이 과에서는 주로 유혹의 의미를 다룹니다. 고린도전서 10:13은 그리스도인들이 당하는 시험 문제의 열쇠가 되는 구절입니다. 이 구절을 묵상하십시오.

우리가 당하는 모든 시험은 어떤 시험입니까? _____
_____

우리가 시험을 당할 때 능히 이기게 하시는 분은 누구입니까? _____
시험에 들어 죄에 빠지지 않기 위해서는 어떻게 해야 합니까? _____

하나님이 시험을 제거해 주십니까? _____

우리를 위해 하나님이 하시는 일은 무엇입니까? _____

시험에 빠지지 않기 위해 우리가 할 수 있는 일은 무엇입니까? _____

   (1) 마태복음 6:9, 13 _____

   (2) 시편 119:9, 11 _____

   (3) 요한일서 5:4-5 _____

   (4) 야고보서 4:7 _____

계속해서 이 구절을 삶에 적용하십시오.

당신이 지금 당하고 있는 시험은 무엇입니까? _____
_____

시험에서 벗어날 수 있는 하나님의 방법은 무엇이라고 생각합니까?
_____

모든 악의 근원은 사탄입니다. 그러나 이 말은 사탄이 항상 개인적으로 우리를 공격한다는 뜻은 아닙니다. 6·25 전쟁을 일으킨 장본인은 김일성이지만 그때의 모든 전투에 김일성이 개인적으로 참여한 것은 아닙니다. 마찬가지로 사탄은 영적인 전투에 직접 참여하기도 하지만 자기가 이용할 수 있는 모든 것을 동원하여 우리를 공격하는 경우가 많습니다.

사탄은 세 가지 경로로 우리에게 접근합니다. 첫째, 사탄은 직접 우리를 공격합니다. 둘째, 사탄은 세상을 통해 우리를 공격합니다. 셋째, 사탄은 우리의 육신의 욕심을 이용해서 공격합니다. 시험을 받을 때, 그것이 어떤 종류인지 알아내는 것이 중요합니다. 경우에 따라 각각 다르게 다루어야 합니다.

1. 사탄은 직접 우리를 공격합니다

마귀 혹은 사탄은 인격적이고 초자연적인 영적 존재입니다. 성경은 이들이 타락한 천사라고 말합니다. 이 사탄은 우리의 신앙을 근본적으로 흔들려고 직접 공격합니다. 이 직접적인 공격은 우리에게 있는 '하나님에 대한 의식'을 희미하게 하거나 우리가 우리 자신과 하나님과의 관계를 의심하게 하기도 하고, 하나님의 말

씀, 그분의 신실성 등을 부정하게 하기도 합니다.

(1) 사탄은 가룟 유다를 어떻게 공격합니까?(눅 22:3, 요 13:2)

___

사탄의 이러한 공격은 어떻게 다루어야 합니까? 우선 우리는 사탄의 존재를 인정해야 합니다. 그리고 그 사탄을 대적해야 합니다(약 4:7). 그러면 우리는 구체적으로 어떻게 사탄을 대적할 수 있습니까?

가장 좋은 방법은 예수님께서 사탄을 대적하셨던 방법입니다. 마태복음 4:4, 7, 10에서 예수님은 세 번이나 성령의 검인 하나님의 기록된 말씀으로 사탄을 물리치셨습니다. 우리도 하나님의 말씀을 사용해서 성령의 능력으로 마귀를 대적할 수 있습니다. 만일 사탄이 우리가 구원을 받았다는 사실을 확신하지 못하게 한다면 우리는 예수 그리스도를 믿으면 누구나 영생을 얻는다는 분명한 말씀(요 5:24, 요일 5:13)으로 사탄을 대적해야 합니다.

이런 종류의 시험을 효과적으로 다루려면 성경 말씀을 잘 알아야 합니다. 성경 암송이 중요한 것은 바로 이 때문입니다. 다윗이 범죄하지 않기 위해 주의 말씀을 자기 마음에 두었듯이(시 119:11), 마음에 하나님 말씀을 많이 간직할 때 우리는 사탄의 공격에 적절히 대처할 수가 있습니다.

2. 사탄은 세상을 통해 우리를 공격합니다

사탄은 직접 공격하지 않고 우회 전술을 사용해서 세상을 통해 외부에서 우리를 공격하기도 합니다. 여기서 말하는 세상은 요한일서 2:15-16에서 언급하는, 하나님과 원수인 세상을 말하며 로마서 12:2에서 지적하는 '이 세대'를 말하기도 합니다. 이러한 종류의 세상은, 구원받지 못한 사람들이 하나님의 뜻을 대적하거나 그분의 뜻과 무관하게 이룩한 사회, 문화, 가치 체계들로 구성된 세상을 뜻합니다. 시험 가운데 가장 미묘한 것들은 세상이라는 경로를 통해 옵니다. 이런 시험은 법을 어긴다든지, 사람들이 불쾌하게 생각하는 못된 짓을 하게 한다든지 하는 것이 아닙니다. 오히려 이 시험은 사람들이 보기에는 별로 문제 될 것이 없지만 영적인 면에서 큰 손실이 있게 합니다.

세상이 우리의 욕심을 자극해서 유혹하는 세 영역은 무엇이며, 이에 대한 구체

적인 예는 무엇입니까?(요일 2:16)

    (1) _____

    (2) _____

    (3) _____

한 젊은 부부가 아주 열심히 주님을 섬기다가 갑자기 교회 출석을 안 했습니다. 이유를 알아보니, 그들은 애써 돈을 모아 아파트를 사게 되자 아내는 아파트를 꾸미는 일에 정신을 쓰게 되고, 남편은 자동차를 사려고 돈 버는 일에 더 많은 시간과 정력을 쓰게 되었기 때문입니다. 아파트와 자동차를 사는 것 자체가 죄는 아니지만, 그들은 하나님보다 그것들을 더 사랑했기 때문에 결국 사탄의 유혹에 넘어가고 만 것입니다.

우리는 이러한 시험에 어떻게 대처해야겠습니까?

마태복음 6:19-34을 읽어 보십시오. 우리의 마음을 공격하는 이러한 세상 염려가 우리의 짧은 일생 동안 많은 비중을 차지합니다. 오늘날 같은 물질주의, 소비주의 사회에서는 더욱 그러합니다. 우리가 거니는 거리에서는 화려한 식당이나 양품점이 우리를 유혹합니다. 또 지나다니는 고급 승용차가 우리의 관심을 끌어당깁니다. 하나님에 대한 우리의 사랑이 식기 시작하면, 그 공백 속으로 이런 유혹이 스며들어 옵니다.

이러한 시험은 도망간다고 해서 해결되는 것이 아닙니다(요 17:15). 세상을 통한 시험이 있을 때에는 이 세상을 피해 도망가기보다, 하나님께 대한 자신의 사랑이 어떠한지 관심을 기울여야 합니다. 우리의 경건 생활을 돌아보아야 합니다.

우리가 돌아보아야 할 경건 생활의 영역을 생각해 보십시오. _____
_____
_____

경건 생활을 회복하고 하나님에 대한 사랑이 뜨거워지면, 세상에 대한 사랑이 식을 것입니다. 그렇게 되면, 세상을 통한 사탄의 공격은 그 힘을 잃게 될 것입니다.

3. 사탄은 육신의 욕심을 통해 우리를 공격합니다

사탄은 사람들에게 본능적으로 있는 육신의 욕심을 통해 공격을 하기도 합니다. 세상을 통한 공격이 외부에서 오는 공격이라면, 육신의 욕심을 통한 공격은 내부에서 오는 공격이라고 할 수 있습니다.

하나님이 창조하신 육신 자체에 죄악의 요소가 있는 것은 아닙니다. 그러므로 본능적인 욕구 자체를 죄라고 할 수는 없습니다. 그러나 성적 욕구나 먹기를 탐하는 것 같은 생리적 충동에서 생기는 시험도 있습니다. 하나님께서 우리에게 주신 이러한 생리적인 욕구들을 잘못 사용함으로 끊임없이 시험에 빠지는 그리스도인도 있습니다.

사무엘하 11:1-4을 읽어 보십시오. 사탄이 육체의 정욕을 통해 공격을 한 대표적인 예입니다. 여기에서 다윗은 실패했습니다. 그렇지만 창세기 39장을 보면 요셉은 승리했습니다. 그 차이는 무엇입니까? _____

_____

_____

우리가 시험을 이기기 위해 피해야 할 것은 무엇인지 생각해 보십시오. _____

_____

불륜의 성행위에 대한 시험은 오늘날 우리 사회에서 큰 문젯거리입니다. 한 대학생과 그 여자친구는 자기들이 성적인 유혹에 조금씩 빠져들고 있다는 것을 깨달았습니다. 그들은 어느 날 밤에 만나서 생물 수업 준비를 위해 바닷가 바위에서 해조류를 채집하려고 합니다. 만일 거기서 성적인 시험에 빠져들게 되면 그들은 함께 무릎을 꿇고, 이러한 시험과 싸우는 자기들을 도와달라고 하나님께 간구할 것입니다. 언뜻 들으면, 매우 경건한 태도인 것 같습니다. 그러나 사실 얼마나 어리석은 생각인지요! 마치 사자의 입에 머리를 넣고서는 물리지 않게 해달라고 하나님께 간구하는 것과 같습니다.

디모데후서 2:22에서 청년의 정욕을 해결하는 방법으로 어떻게 하라고 명령합니까? _____

_____

사탄의 공격 방법과 이에 대한 대응은 아래와 같이 정리할 수 있습니다.

시험 경로	시험의 속성	시험을 이기는 방법
직접	신앙을 근본적으로 공격	말씀으로 무장
세상	신앙을 외부로부터 공격	경건 생활을 점검
육신의 욕심	신앙을 내부로부터 공격	현장에서 피함

아홉 번째 만남

이 과의 목표

1. 제자의 삶을 영위하는 데 있어서 빼놓을 수 없는 것이 순종임을 안다.

2. 순종의 뜻을 이해하고, 어떤 영역에서 누구에게 순종할 것인가를 안다.

3. 훈련된 그리스도의 제자로서 순종을 배우고 실천하도록 힘쓴다.

준비 과제 ···

1. 주일 예배 설교를 기록하십시오.

2. 골로새서를 읽으십시오.

3. "순종하는 삶"을 미리 공부하십시오.

4. 로마서 12:1과 누가복음 9:23을 암기하십시오.

5. 큐티(경건의 시간)를 하십시오.

6. 구약 성경 전도서부터 말라기까지 책 이름을 복습하십시오.

아홉 번째 만남
순종하는 삶

현대 교회의 커다란 비극은 믿음으로 부름을 받은 사람은 많은데 순종으로 부름을 받은 사람은 적다는 사실입니다. 성령 충만한 생활을 하면서, 끊임없이 공격하는 사탄의 시험을 이겨 내는 믿음이 귀합니다. 그러나 그리스도인들이 자기 믿음을 지키는 데서 그치지 않고 주님의 일을 적극적으로 감당하려면 예수님을 따라가며 순종하는 자세가 있어야 합니다. 주의 일을 하기 위해서는 우선 먼저 그분을 좇아야 합니다.

"나를 따라오라 내가 너희를 사람을 낚는 어부가 되게 하리라"(마 4:19).

예수님을 따른다는 것은 자신의 삶을 위한 예수님의 계획과 뜻을 받아들인다는 의미며, 자신의 삶을 무조건적으로 예수님께 바치며 그분의 뜻에 복종한다는 의미입니다.

순종의 의미와 기본 자세

1. 누가복음 5:1-11을 읽으십시오. 베드로는 주님께 대한 순종을 어떻게 나타내었습니까?(5절) _____

　그리스도에 대한 한순간의 순종이 우리의 미래를 결정지을 수 있습니다. 베드로는 이 한순간의 순종으로 예수님을 알게 되었고 결국 그분의 수제자가 되었습니다. 순간순간 일어나는 작은 일들에 대해 주님께 순종할 때 우리는 순종하는 삶을 살게 되고 신앙 인격을 갖추게 됩니다.

2. 그리스도인들이 주님께 전적으로 순종하기 위해 필요한 기본 자세는 무엇입니까?

(1) 예수님에 대해(마 28:18) _____

_____

(2) 자신에 대해(롬 12:1) _____

_____

(3) 예수님과 자신의 관계에 대해(눅 9:23) _____

_____

　순종하는 삶을 살려면 무엇보다도 순종의 대상이신 주님이 어떤 분인지를 분명히 알고 그분의 권위를 인정해야 합니다. 여기서 우리 몸을 산 제물로 드린다는 말은 나의 모든 삶을 주님께 헌신하는 것이며, 자기 부인이란 과거의 이기적인 삶에 대해서는 "아니오"라고 하며, 주님의 뜻에 대해서는 "예"라고 말하는 것입니다.

　어떤 사람이 모래 주머니가 많이 달린 기구를 타고 하늘로 올라가고 있습니다. 이 사람은 좀 더 높이 올라가고 싶어서 모래 주머니를 얼마 정도 내던져 버렸습니다. 모래 주머니를 많이 내버릴수록 더 높이 올라갈 것입니다. 그리스도인의 생활도 마찬가지입니다. 육신의 문제나, 세상과 악에 속한 것을 더 많이 떨쳐 버릴수록 우리는 영적인 축복의 산에 더 높이 오를 수 있습니다.

순종의 영역과 대상

1. 그리스도의 제자들이 예수님을 따르기 위해 자기를 부인해야 하는 영역은 무엇이 있습니까?(눅 14:25-27, 33) 그 내용을 구체적으로 생각해 보십시오.

　(1) 가족들 _____

　(2) 자기 자신 _____

　(3) 소유물 _____

　(4) 기타 _____

　물질적 소유에 관한 문제에서 주님께 순종하는 것은 그리스도인들의 순종에서 중요한 영역입니다. 예수님이 부자 청년에게 재산을 팔아 가난한 자들에게 주라고 하실 때 주님이 원하신 것은 그 청년이 가난해지는 것이 아니라 예수님에게 전적으로 순종하는 것이었습니다(막 10:17-22). 특히 물질주의가 만연한 현대 사회에서

는 우리의 순종을 시험하는 데 물질에 대한 태도보다 더 좋은 시금석은 없습니다.

물질 문제에 관한 순종은 헌금을 잘하고 구제를 잘하는 것으로도 나타나지만, 근본적으로 그리스도인들이 물질적인 면에서 어떤 생활 양식으로 사느냐와 더 관계가 깊습니다. 그리스도인들이 일상생활에서 사치하고 낭비한다면, 헌금과 구제를 어느 정도 한다고 해도 물질 문제에 있어 완전한 순종을 한다고 할 수는 없습니다.

2. 순종은 주님이 우리에게 주시는 구체적인 말씀을 지키고, 그러기 위해 자기를 부인하는 것만이 아닙니다. 사실상 인생의 모든 영역이 그리스도인들의 순종의 영역이므로, 우리가 사는 동안 주님이 허락하거나 부과하시는 고난을 받아들이는 것 또한 순종의 구체적인 모습입니다.

(1) 하나님은 우리 인생을 어떻게 섭리하십니까? 순종하는 그리스도인들은 이 섭리에 어떻게 반응해야 합니까?(전 7:14) _____

_____

(2) 순종하는 그리스도인들은 고난을 당할 때 어떤 자세를 가져야 합니까?(빌 1:29, 롬 8:17-18) _____

_____

예수님은 자신이 하나님의 뜻에 순종해서 십자가를 지신 사실을 이렇게 말씀하셨습니다. "한 알의 밀이 땅에 떨어져 죽지 아니하면 한 알 그대로 있고 죽으면 많은 열매를 맺느니라"(요 12:24). 이와 마찬가지로 그리스도인이 열매를 맺기 위해서도 순종의 죽음이 필요합니다. 이 죽음이란 구체적으로 우리의 자존심의 죽음이며, 우리의 특권의 죽음이며, 우리의 편견의 죽음이며, 우리의 야망의 죽음이며, 우리의 안락의 죽음이라고 할 수 있습니다.

3. 그리스도인들의 절대적인 순종의 대상은 예수 그리스도지만 가정, 교회, 사회 속에 사는 그리스도인들이 순종해야 할 대상이 또 있습니다.

(1) 가정에서(엡 5:22, 25, 6:1) _____

_____

(2) 교회에서(벧전 5:5) _____

_____

(3) 직장에서(골 3:22) _____

_____

(4) 사회에서(롬 13:1) _____

_____

그러나 이들에게 절대적으로 복종해야 하는 것은 아닙니다. 주님께 순종하기
위해 이들에게 불복해야 할 때도 있습니다(행 4:19).

순종의 예

1. 성경에 나타난 위대한 순종의 예의 하나로 아브라함을 들 수 있습니다.
   (1) 창세기 12:1-4(히 11:8)과 창세기 22:1-3, 9-12을 읽고, 아브라함이 어떤 상
   황에서 어떤 명령에 순종했는지 살펴보십시오. _____

   _____

   (2) 창세기 22:17-18을 읽으십시오. 아브라함이 순종함으로 아들을 드렸을 때
   하나님께서 아브라함에게 하신 약속은 무엇입니까? _____

2. 성경에 기록된 불순종의 대표적인 예로 사울 왕을 들 수 있습니다. 사무엘상
15: 18-23에서 사울 왕은 온전하게 순종하는 대신에 변명을 하고 제멋대로 하나
님께 제사했습니다.
   (1) 사무엘의 반응은 어떠했습니까? _____
   (2) 고집과 반역을 무엇에 비교하고 있습니까? _____
   (3) 사울 왕이 불순종한 대가는 무엇입니까? _____

   _____

3. 세상의 역사를 바꾸어 놓은 불순종과 순종이 있습니다. 로마서 5:19을 읽으십시오.
   (1) 아담은 어떻게 불순종했으며 그 결과는 무엇이었습니까? _____

   _____

(2) 그리스도는 어떻게 순종했으며 그 결과는 무엇이었습니까? _____

_____

(3) 그리스도의 순종은 그리스도인들에게 어떤 영향을 줍니까?(히 5:8-9) ____

_____

4. 그리스도인들의 순종의 삶은 그 자체가 복입니다. 그런데도 주님은 순종하는
사람들에게 여러 약속을 하셨습니다.

　　(1) 하나님의 진리에 순종한 결과 두 가지는 무엇입니까?(벧전 1:22) _____

_____

　　(2) 기도 응답을 받으려면 어떻게 해야 합니까?(요일 3:22) _____

_____

　　(3) 그리스도인들이 주님의 일을 하기 위해서는 성령이 함께하셔야 합니다.
성령은 어떤 사람이 받을 수 있습니까?(행 5:32) _____

5. 순종하는 그리스도인들을 위하여 어떤 복이 예비되어 있습니까?

　　(1) 요한복음 14:23 _____

　　(2) 요한복음 15:10 _____

　　(3) 요한복음 15:14 _____

　　(4) 요한일서 2:5 _____

"순종하기를 지체하는 것이 곧 불순종입니다."

그리스도인이 순종하기 위해서는

　　　　　　　　주님이 생각하시는 마음과

　　　　　　　　주님이 보여 주신 삶과

　　　　　　　　주님이 말씀하시는 목소리와

　　　　　　　　주님이 도우시는 봉사의 손길로

　　　　　　　　살아야 합니다.

열 번째 만남

이 과의 목표

1. 그리스도인의 사역을 잘 이해하기 위한 조건으로 성경적인 교회관, 평신도관, 은사관, 훈련관, 그리고 세계관을 집중적으로 살펴본다.

2. 사역을 이해하고 사역에 참여함으로써 열매 맺는 그리스도인이 된다.

준비 과제 ···

1. 주일 예배 설교를 기록하십시오.

2. 베드로전 · 후서를 읽으십시오.

3. "사역하는 삶"을 미리 공부하십시오.

4. 베드로전서 2:9과 고린도전서 3:9을 암기하십시오.

5. 큐티(경건의 시간)를 하십시오.

열 번째 만남
사역하는 삶

"나를 따라오라 내가 너희를 사람을 낚는 어부가 되게 하리라"(마 4:19).

예수 그리스도의 일을 하기 위해서는 그분과 깊은 교제를 나누며 그분을 따라가야 합니다. 예수 그리스도를 따르며 순종하는 사람들은 그분의 일을 할 수 있습니다. 우리가 받은 양육은 바로 주님을 위한 우리의 사역으로 그 열매가 나타납니다.

아직도 우리 교회에는 자리나 채우고 일주일에 한 번 설교를 듣는 것으로 자신이 그리스도인으로 살고 있다고 생각하는 사람이 많습니다. 그들의 신앙 자세가 그렇게 수동적인 이유는 제대로 양육을 받지 못했기 때문입니다. 양육을 받으면 신앙 자세가 적극적으로 변하게 됩니다. 그러므로 양육의 열매는 주를 위한 사역이라고 할 수 있습니다.

1500년대 종교 개혁이 성경을 평신도에게 돌려주었다면, 앞으로 올 영적 개혁은 사역을 평신도에게 돌려줄 것입니다. 프랜시스 아이래스는 이렇게 말했습니다.

"만일 세례를 받았다면 목사 안수를 받든 안 받든 우리는 이미 사역자입니다."

평신도가 자신도 사역자임을 깨닫고 사역을 감당하려면 다음의 다섯 가지 요소를 이해해야 합니다.

1. 성경적인 교회관

"그리스도인들에게 가장 도전적인 것은 내가 교회를 위해 무엇을 하는 것이 아니고 내가 교회 자체를 이루는 것입니다." – F. C. 마터

　평신도와 교회의 관계에 대해서 평신도가 교회 안에 있다는 말은 성경적인 표현이 아닙니다. 평신도가 교회를 위해 일한다는 말도 성경적인 표현은 아닙니다. 평신도가 교회에서 일한다는 말 역시 성경적인 표현이 아닙니다. 그렇다면 평신도와 교회의 관계에 대한 성경적인 표현은 무엇입니까?(엡 2:20-22) ＿＿＿＿＿

＿＿＿＿＿＿＿＿＿＿＿＿＿＿＿＿＿＿＿＿＿＿＿＿＿＿＿＿＿＿＿＿＿

　평신도 자신이 바로 교회입니다. 그러므로 평신도의 사역을 알기 위해서는 교회의 사역을 알아야 합니다. 교회가 교회 되게 하는 기본 요소는 예배와 교제입니다. 그러나 교회가 그리스도의 몸으로 살아 움직이려면 바로 예수님이 지상에 계실 때 하시던 사역을 감당해야 합니다. 마태복음 4:23을 읽고 예수님이 지상에서 하시던 사역을 세 가지로 요약해 보십시오. 이것들은 각각 교회의 어떤 사명과 관계 있습니까?

　(1) ＿＿＿＿＿＿＿＿＿＿＿＿＿＿＿＿＿＿＿ (교육, 양육 및 영적 무장)

　(2) ＿＿＿＿＿＿＿＿＿＿＿＿＿＿＿＿＿＿＿ (복음 전파, 해외 선교)

　(3) ＿＿＿＿＿＿＿＿＿＿＿＿＿＿＿＿＿＿＿ (사회 봉사, 현실 참여)

　모든 사역은 그리스도의 몸인 교회에서 시작해야 합니다. 사역은 성도 한 사람 한 사람에 의해서, 또 각 사람을 위해서, 각 사람에게, 교회 밖에 있는 사람들에게 전달되어야 합니다. 그러므로 성도가 모일 때는 교회가 이 세 가지 사명을 감당하며, 성도가 흩어질 때는 각 사람이 세상 속에서 작은 교회의 역할을 해야 합니다.

2. 성경적인 평신도관

우리는 종종 "그러나 저는 평신도에 불과한데요" 하는 말을 듣습니다. 언뜻 들으면 겸손한 말 같지만 그런 말을 하는 사람은 주님의 부르심을 이해하지 못한 것입니다. 성경은 모든 그리스도인은 다 사역자라고 합니다. 일반적으로 평신도를 목회자들의 사역의 대상으로 생각하지만 평신도는 오히려 교회 사역의 주체입니다.

평신도의 사역이란 무엇입니까?

    (1) 그리스도인들은 낚싯대의 낚싯줄이 아니라 _____을 낚는 어부가 되어야 합니다(마 4:19).

    (2) 그리스도인들은 맛을 잃은 소금이 아니라 _____입니다(마 5:13).

    (3) 그리스도인들은 꺼져 가는 등불이 아니라 _____입니다(마 5:14).

    (4) 그리스도인들은 잘 돌아가는 기계가 아니라 _____입니다(마 9:38).

"교회들은 너무 자신들을 이웃과 분리하고 내부로만 향하기 때문에 복음을 전달할 수 없습니다. 교회는 성경 말씀이 원하는 바와는 달리 세상 밖에 있습니다. 그러나 성경은 그리스도인들이 세상 속에 머물러야 한다고 가르칩니다. 교회의 머리이신 예수님께서 하신 것처럼 교회는 교회가 몸담고 있는 무지하고 불결하고 죄 많은 세상의 도시와 마을 속에서 성육신해야 합니다."-도널드 맥가브란

베드로전서 2:4-5, 9-10에 나타난 그리스도인에 대한 호칭을 적어 보고 그 의미를 생각해 보십시오.

    (1) _____

    (2) _____

    (3) _____

    (4) _____

    (5) _____

3. 성경적인 은사관

하나님은 우리에게 사역을 할 것을 명하시면서 이를 감당하는 데 필요한 다양한 은사들을 주십니다. 우리는 그 은사들을 자기 것인 양 자랑해서도 안되며, 주신 은사를 사용하지 않고 내버려 두어서도 안됩니다. 은사들은 하나님이 그분의 사역을 위해 거저 주신 것이기 때문입니다. 은사는 하나님의 영광을 위해, 하나님의 역사하심을 따라 사용하라고 주신 것입니다.

은사들에 대해서는 로마서 12:6-8, 고린도전서 12:8-11, 에베소서 4:11에 기록되어 있습니다. 이 중에 로마서에 기록된 일곱 은사들은 그리스도인의 실생활에서

쉽게 드러나는 은사들입니다. 간단히 설명해 보십시오.

(1) _____

(2) _____

(3) _____

(4) _____

(5) _____

(6) _____

(7) _____

중요한 것은 우리가 받은 은사의 독특성을 깨닫고 그것을 실천에 옮기는 일입니다. 이런 깨달음을 통하여 우리는 우리와 은사가 비슷한 사람들을 비판하지 않게 되며, 또한 우리와 은사가 다른 사람들을 충분히 이해하게 됩니다.

4. 성경적인 훈련관

사역을 감당하려면 은사가 필수적입니다. 그런데 그 은사를 사역에 사용하여 열매 맺으려면 훈련이 필요합니다. 교회에서 훈련을 시키지 않고 중요한 직분을 맡기는 것은 잘못된 것입니다. 하나님께 봉사하려는 사람은 신중하게 적절한 준비를 해야 합니다. 은사에 맞추어 행하는 훈련은 교회 사역을 위한 적절한 준비입니다.

우리 교회의 문제점은 평신도를 훈련하려는 교역자들이 많지 않고, 훈련을 받고 싶어하는 평신도도 많지 않다는 점입니다. 어떤 사람들은 훈련이 어렵다고 느끼고, 또 어떤 이들은 훈련이 필요 없다고 느낍니다. 그러나 교회가 교회답게 되려면 평신도의 훈련은 필수적입니다.

예수님은 제자들을 어떻게 훈련하셨습니까?(막 3:13-15) 이것을 교회에 어떻게 적용할 수 있습니까?

(1) 부르시고 택하심 _____

(2) 자기와 함께 있게 하심 _____

(3) 보내사 전도하게 하심 _____

평신도들이 훈련을 받아야 할 영역에는 여러 가지가 있습니다.

(1) 경건 훈련: 경건의 시간, 성경 암송 등

(2) 전도 훈련: 개인 전도, 전도 성경 공부 등

(3) 양육 훈련:

(4) 상담 훈련:

효과적인 훈련을 위해서 다음 제안을 참고하십시오.

(1) 사역자로서 소명감을 잃지 마십시오.

(2) 자신과 비슷한 은사로 성실하게 사역하는 분들을 찾아보십시오.

(3) 사역에 필요한 말씀이나 책들을 읽고 공부하십시오.

(4) 이미 있는 은사들을 활용할 수 있는 방법을 생각해 보십시오.

(5) 교회 생활을 오래 했더라도 겸손하게 시작하십시오.

(6) 헌신과 열심에 도전을 줄 수 있는 그룹에 참여하십시오.

5. 성경적인 세계관

훈련받은 평신도들이 사역을 감당하려면 사역 현장을 바로 이해해야 합니다. 많은 그리스도인들이 사역 현장을 교회 안으로 제한합니다. 그러나 우리의 사역 현장은 이 세상입니다. 우리가 살고, 일하고, 활동하는 세상의 모든 영역이 바로 사역 현장입니다. 많은 평신도들은 사역 현장을 자기들이 속해 있는 지방이나 나라로 제한합니다. 그러나 온 세상 땅끝까지 우리의 사역 현장입니다(행 1:8). 이와 같이 세상을 보는 눈이 넓어질 때, 사역을 제대로 감당할 수 있습니다.

(1) 예수님은 제자들에게 어떻게 하겠다고 하셨습니까?(요 17:18, 20:21)

사도행전 8:4에서 많은 평신도들이 어떻게 사역에 임했습니까?

---

(2) 바울은 어디서 복음을 전했습니까?(행 17:17)

세상의 어느 영역에서건 복음이 전파되고 그리스도의 이름이 드러나야 합니다. 월요일에서 토요일로 이어지는 평일의 일반적인 일도 하나님을 찬양하는 행위입니다. 우리가 하는 일이 하나님과의 올바른 관계에서 이루어질 때 그것이 바로 살아 있는 예배가 됩니다.

(3) 예수님은 제자들을 떠나시면서 마지막으로 어떤 약속을 하셨습니까?(행 1:8)

_____

(4) 성령은 바나바와 바울을 어떻게 하셨습니까?(행 13:2-3) _____

_____

세상 모든 곳에 복음이 전파되어야 합니다. 더구나 세상이 지구촌으로 변화하는 현대에는 전 세계를 자신의 교구로 삼는 평신도들이 더욱 필요합니다.

열한 번째 만남

요절 점검

1-1 중심 되신 그리스도 (갈 2:20)

1-2 중심 되신 그리스도 (요 15:5)

2-1 구원의 확신 (요일 5:13)

2-2 구원의 확신 (요 5:24)

3-1 하나님의 속성 (대상 29:11)

3-2 하나님의 속성 (시 36:5-6)

4-1 성경 (딤후 3:16)

4-2 성경 (벧전 2:2)

5-1 기도 (요 15:7)

5-2 기도 (빌 4:6-7)

6-1 교제 (롬 12:4-5)

6-2 교제 (요 13:34-35)

7-1 전도 (롬 1:16)

7-2 전도 (벧전 3:15)

8-1 성령 충만한 삶 (엡 5:18)

8-2 성령 충만한 삶 (갈 5:22-23)

9-1 시험을 이기는 삶 (고전 10:13)

9-2 시험을 이기는 삶 (약 1:14-15)

10-1 순종하는 삶 (롬 12:1)

10-2 순종하는 삶 (눅 9:23)

11-1 사역하는 삶 (벧전 2:9)

11-2 사역하는 삶 (고전 3:9)

열한 번째 만남
이 훈련을 마치신 분께

당신은 예수 그리스도를 만나서 알게 된 이후로 지금까지, 그의 제자가 되기 위해 훈련받았습니다. 예수 그리스도를 믿음으로 구원받은 것을 확인했을 뿐 아니라 예수 그리스도를 통해 알게 된 하나님의 속성 때문에 이 세상을 보는 태도가 달라졌습니다. 이 신앙을 기초로 하나님 말씀인 성경에 대해서 배웠고, 하나님과 대화하는 기도에 대해 배웠습니다.

그리스도 안에서 한 몸인 형제 자매들과 교제하는 것의 중요성을 깨닫는 한편, 이 세상에서 그리스도의 증인이 되어야 함을 깨닫게 되었습니다. 계속되는 신앙생활에서 성령 충만의 비결을 배웠으며 이에 따라 사탄의 시험을 이기는 비결도 배웠습니다. 그리스도를 따르는 제자가 되기 위해 전적으로 주님께 순종하고 그분의 사역에 동참하기로 결심했습니다.

이제 당신은 주님의 제자로서 기초적인 훈련을 마쳤습니다. 앞으로도 계속 훈련해야 합니다. 그러나 주님은 지금 당신이 배운 바를 충성된 사람들에게 부탁하기를 원하십니다(딤후 2:2). 주님은 당신이 지금까지 훈련받은 대로 또 다른 사람을 훈련하기를 원하십니다. 물론 당신 혼자서는 힘든 일입니다. 그러나 당신 속에서 역사하시는 이의 역사를 따르게 될 때 그 일을 할 수 있습니다(골 1:29).

일대일 양육을 통한 제자 훈련에 대해서 공부하십시오. 그리고 지금까지 배우고 훈련받은 것을 복습하십시오. 그리고 당신이 맡은 사람들을 훈련시키십시오.

일대일 양육 방법

이제 우리나라는 교회에 나와서 설교를 듣는 사람들의 수가 점점 늘어나고 있습니다. 그러나 그들 중에 복음을 제대로 듣고 예수 그리스도를 주님으로 영접하는 사람은 적습니다. 그리고 예수를 믿기로 결신한 사람들 중에서 제대로 양육을 받고 있는 사람들은 더욱 적습니다. 빌리 그레이엄은 그리스도인의 삶이 5%는 결신에, 나머지 95%는 양육에 달려 있다고 말했습니다. 이제 교회는 복음 전파에 힘을 쏟는 것 이상으로 교인들의 양육에도 힘을 쏟아야 합니다.

1. 교회를 통한 양육
그리스도인의 양육의 목표는 예수 그리스도에게까지 자라는 것이며(엡 4:15), 양육의 과정은 교회 공동체를 통해서 "각 마디를 통하여 도움을 받음으로 연결되고 결합되어" 자라게 하는 것입니다(엡 4:16).

  (1) 회중 양육

  (2) 소그룹 양육

  (3) 일대일 양육

2. 일대일 양육의 기본 개념
  (1) 양육자는 선생이나 강사가 아니라 영적인 부모가 되어야 합니다(고전 4:15, 갈 4:19).

  복음으로 낳아 준 부모가 계속 양육할 수도 있고, 이미 복음으로 새롭게 태어

난 다른 사람들이 맡아서 양육할 수도 있습니다. 그럴 때는 영적인 양부모가 되는 셈입니다.

(2) 양육의 과정은 단순한 지식을 전달하는 과정이 아니라 부모가 자녀를 키우는 것과 같은 과정이 필요합니다(살전 2:7-8, 11, 벧전 2:2). 성숙한 그리스도인으로 자라기 위해서는 다음 네 가지가 필요합니다.
* 따뜻한 사랑(고전 13:1-3)
* 영적 양식(마 4:4)
* 세심한 보호(엡 6:10-12)
* 엄격한 훈련(마 28:20, 갈 6:7)

(3) 양육의 목표는 양육자 개인의 제자를 만드는 것이 아니라 그리스도의 제자, 그리스도 안에서 완전한 자를 세우는 것입니다(골 1:28). 그리기 위해서는 양육자 자신이 그리스도를 닮는 생활을 해야 합니다(고전 11:1).

(4) 양육의 원천은 양육자 개인의 능력이나 재주가 아니라 양육자 안에서 역사하시는 성령입니다(골 1:29).

위의 내용을 종합해서 당신 나름으로 일대일 양육을 정의해 보십시오.

3. 일대일 양육의 중요성
(1) 새로 태어난 사람을 보존, 성장하도록 합니다(욥 39:13-16 참고).

(2) 영적으로 재생산을 할 수 있게 합니다(딤후 2:2).

(3) 가르치는 은사가 제한된 평신도들도 얼마든지 감당할 수 있습니다(행 18:4, 26).

4. 일대일 양육에 영향을 끼치는 요인들

(1) 관계: 양육의 방법론보다는 나와 주님, 나와 피양육자의 관계가 더 중요합니다.

(2) 헌신: 양육은 단지 일정한 시간을 정기적으로 할애하는 프로그램이 되어서는 안됩니다. 바쁜 현대 생활에서 시간을 헌신하는 자세가 필요합니다. 다음 질문에 대답해 보십시오.

"나는 일대일 양육을 중요하게 생각하고 있는가?"
"나는 형제(자매)와 만나는 시간을 즐겁게 여기는가?"

(3) 집중: 일대일 양육은 회중 양육이나 소그룹 양육과는 달리 충성된 사람들에게 집중할 필요가 있습니다.

(4) 기간: 일대일 양육에는 속성이라는 지름길이 없습니다. 3년(예수님), 혹은 2년(바울이 두란노 서원에서) 아니면 적어도 6개월 동안은 해야 합니다.

(5) 환경: 일대일 양육은 설교나 예배를 대신할 수 없습니다. 일대일 양육이 제대로 이루어지기 위해서는 교회의 영적인 분위기가 필수적입니다.

5. 일대일 양육 교재의 사용

(1) 전체의 개요와 각 과의 요약

(2) 대상에 따른 탄력성 필요(고전 9:22-23)

(3) 과제 점검과 생활의 나눔

IV

부록

ONE TO ONE DISCIPLING

"그러므로 너희는 가서 모든 민족을 제자로 삼아 아버지와 아들과 성령의 이름으로 세례를 베풀고 내가 너희에게 분부한 모든 것을 가르쳐 지키게 하라 볼지어다 내가 세상 끝날까지 너희와 항상 함께 있으리라 하시니라"(마 28:19-20).

프로그램 개관

1. 선교 단체의 사역

1960년대부터 대학생 선교 단체들이 주로 대학 캠퍼스를 중심으로 사역을 시작했습니다. 이들 선교 단체들은 기존 교회의 전통적인 사역과는 다른 사역에 힘을 기울이면서 한국 교회에 새로운 바람을 일으켰습니다. 이들의 사역의 특징은 다음과 같습니다.

   (1) 개인 전도를 강조하며 이를 위한 전도 훈련 과정이 있습니다(최고의 행복, 사영리, 다리 예화, 전도 성경 공부 등).
   (2) 기존 신자들이나 전도를 받은 사람들에게 구원의 확신 문제를 강조합니다.
   (3) 결신한 사람들의 양육에 관심을 가지며, 이를 위한 제자 훈련 프로그램이 여럿 있습니다. 그 프로그램들 중 하나가 일대일 양육입니다.
   (4) 기존 교회의 교인들이 설교를 듣고, 성경을 읽는 데만 익숙해 있는 데 비해 이들은 성경 공부(개인, 소그룹)와 암송을 강조하며, 또한 Quiet Time(경건의 시간, 묵상의 시간)을 통한 말씀 묵상을 중요시합니다.

2. 선교 단체 사역의 문제점

이들 선교 단체들은 한국 교회에 새로운 바람을 일으키는 데 큰 공헌을 했습니다. 그러나 이들은 문제를 일으키기도 했습니다. 그래서 이 단체들과 기존 지역 교회 사이에 묘한 갈등이 생기게 되었습니다. 이들 사역에 몇 가지 문제점이 있기 때문이었습니다.

(1) 개인 전도를 강조한 것은 바람직하나 전도의 열매가 교회에 소속되지 않는 경향이 있고, 전하는 복음에 기독교적인 세계관이 결여되어 있습니다.

(2) 구원을 확신하게 한 것은 좋으나 구원의 확신을 하는 방법을 제한하는 경향이 있습니다. 단체의 색깔에 따라 신앙의 지성적인 면, 의지적인 면, 감정적인 면을 각각 강조합니다.

(3) 일대일 양육 등의 제자 훈련 프로그램이 교회 공동체와 별 관계가 없이 진행되어 훈련된 제자들이 교회에 적응하는 데 어려움을 겪습니다.

(4) 성경 공부와 Quiet Time이 강조됨으로써 상대적으로 설교의 중요성이 약화되고, 공중 예배의 의미가 약화되었습니다.

3. 교회의 제자 훈련 프로그램

본 프로그램은 선교 단체 사역의 강점을 교회의 교육에 적용하면서 이들에게 있는 문제점을 제거하여 교회 내에서의 바람직한 양육 프로그램을 개발하는 것이 그 목적입니다.

(1) 전도

교회를 찾아오는 사람들에게 한번에 복음을 전하는 것이 아니라 정규적으로 만나 복음에 대해 간단한 공부를 합니다(전도 성경 공부).

우선 교회에 관심을 갖게 한 후에 그 관심을 교회의 머리이신 예수 그리스도께 돌리게 합니다. 그래서 약 4주에 걸쳐 예수 그리스도를 소개한 후 마지막으로 그리스도를 믿는 결단과 함께 지역 교회에 소속되게 합니다.

(2) 구원의 확신

진단 질문 10개를 통해 구원을 확신하게 합니다.

구원의 확신에 대한 오해를 막기 위해 신앙의 지성적, 감정적, 의지적인 요소에 대해서 설명합니다. 이것은 어느 단체나 지역 교회의 취향으로 구원의 확신을 결정하지 못하도록 하기 위함입니다.

(3) 큐티

구원의 확신을 통해 하나님과 관계를 맺은 사람은 그분과 끊임없는 교제를 해

야 합니다. 하나님과 계속 교제하기 위해서는 큐티 훈련이 필수적입니다.

(4) 일대일 양육

개개인의 성장에 관심을 쓰면서 이들이 이루는 그리스도의 몸인 교회와의 관계, 그리고 훈련된 제자들이 가져야 할 사회적인 책임을 강조합니다.

(5) 성경 공부

설교와 관계없이 진행하는 성경 공부를 강해 설교와 연결하며, 주제별 공부보다는 성경 본문을 공부하는 것을 강조하며, 성경 본문 자체를 이해할 뿐 아니라 현재의 역사적 상황, 실존적 필요와 연결하도록 합니다.

Book 참고 도서 목록

제자
훈련

제자입니까

후안 카를로스 오르티즈
지음 | 248쪽 | 두란노

제자도

데이빗 왓슨 지음
390쪽 | 두란노

팬인가, 제자인가

카일 아이들먼 지음
304쪽 | 두란노

구원의
확신

구원이란 무엇인가

김세윤 지음
173쪽 | 두란노아카데미

예수는 역사다

리 스트로벨 지음
366쪽 | 두란노

존 파이퍼의 거듭남

존 파이퍼 지음
240쪽 | 두란노

큐티

큐티하면 행복해집니다

하용조 지음
241쪽 | 두란노

영성이 깊어지는 큐티

송원준 지음
157쪽 | 두란노

말씀과 함께 하나님과 함께

유진소 지음
232쪽 | 두란노

하나님은
이런 분이십니다

빌 하이벨스 지음
310쪽 | 두란노

하나님에 관한
불변의 진리

조쉬 맥도웰 지음
606쪽 | 두란노

힘써
하나님을 알자

D. A. 카슨 지음
367쪽 | 두란노

하나님의
속성

성경의 맥을
잡아라

문봉주 지음
584쪽 | 두란노

통큰통독

주해홍 지음
560쪽 | 두란노

열린다 성경
시리즈

류모세 지음
전 7권 | 두란노

성경

리처드 포스터
기도

리처드 포스터 지음
348쪽 | 두란노

기도하면
행복해집니다

하용조 지음
262쪽 | 두란노

리즈 하월즈의
중보기도

노만 그럽 지음
328쪽 | 두란노

기도

Book 참고 도서 목록

교제

하나님 당신을 갈망합니다

토미 테니 지음
195쪽 | 두란노

관계의 법칙

강준민 지음
474쪽 | 두란노

샬롬 소그룹

백은실 지음
280쪽 | 두란노

전도

사랑하면 전도합니다

빌 하이벨스 지음 |
274쪽 | 두란노

열혈청년 전도왕

최병호 지음
256쪽 | 두란노

복음만 자랑하라

김상현 지음
232쪽 | 두란노

성령 충만

하나님의 임재 연습

로렌스 형제 지음
97쪽 | 두란노

인격적인 성령님

하용조 지음
255쪽 | 두란노

성령으로 다시 시작하라

짐 심발라 지음
236쪽 | 두란노

광야의 삶은
축복이다

하용조 지음
168쪽 | 두란노

고통이라는
선물

필립 얀시 외 지음
440쪽 | 두란노

믿음 연습

맥스 루케이도 지음
277쪽 | 두란노

시험

순종

존 비비어 지음
303쪽 | 두란노

래디컬

데이비드 플랫 지음
284쪽 | 두란노

절대 순종

김양재 지음
340쪽 | 두란노

순종

영적 리더십

헨리 블랙커비 지음
342쪽 | 두란노

섬김

빌 하이벨스 지음
182쪽 | 두란노

크리스천
강점 혁명

도널드 클리프턴 외
지음 | 256쪽 | 두란노

사역

지도자를 위한 지침서

여러분은 새신자와 더불어 특별하고도 의미 있는 관계를 맺기 시작할 것입니다. 훈련받는 사람보다 여러분 자신이 은혜를 더 많이 받을 것입니다.

이 일대일 훈련 교재는 특별히 어린 그리스도인들을 훈련시키기 위해서 쓰여졌습니다. 우리 또한 순종하는 그리스도인으로서 다음과 같이 행해야 합니다.

제자를 삼으십시오.
"그러므로 너희는 가서 모든 민족을 제자로 삼아 아버지와 아들과 성령의 이름으로 세례를 베풀고 내가 너희에게 분부한 모든 것을 가르쳐 지키게 하라 볼지어다 내가 세상 끝날까지 너희와 항상 함께 있으리라"(마 28:19-20).

저희로 또 다른 사람들을 가르치는 제자 삼는 사람이 되게 하십시오.
"또 네가 많은 증인 앞에서 내게 들은 바를 충성된 사람들에게 부탁하라 그들이 또 다른 사람들을 가르칠 수 있으리라"(딤후 2:2).

그리스도가 다스리시는 삶의 이러한 기본적인 원리에 순종하도록 가르쳐야 합니다. 그러면 그들이 또 다른 사람을 훈련하여 제자가 되게 하고, 이 과정이 계속 반복될 것입니다.

몇 가지 기본 원칙

1. 한꺼번에 교재의 모든 내용을 가르치지 마십시오. 한 번에 한 과씩 하십시오.
2. 각 과에 앞서서 제1과를 공부할 때, '선박의 키'에 담긴 내용을 강조하십시오.
3. 구원의 확신이 가장 중요합니다. 제자가 구원을 확신하게 될 때까지 함께 공부하면서 기도하십시오.
4. 인내심 있게, 영적인 요구에 민감하게 대처하십시오. 개인의 능력을 고려하면서 진행하십시오. 어떤 사람들은 다른 사람들보다 더 빨리 이해하고 따라올 것입니다.
5. 준비 과제를 완성해 오면 기회 있을 때마다 격려해 주십시오.
6. 사랑과 관심을 보이십시오. 개개인의 요구와 문제에 귀를 기울이십시오.
7. 반복해서 복습하십시오. 이것이 배움의 열쇠입니다.
8. 여러분의 제자를 위해서 기도하십시오. 함께 기도하도록 권면하고 격려하십시오.
9. 전도를 시키십시오. 교회에 나오다가 최근에 나오지 않는 낙심한 그리스도인이나 그의 친구에게 전도할 계획을 세우십시오.
10. 본 교재의 모든 과정을 마쳤을 때 다른 사람을 선택해서 제자 훈련을 시작하도록 권면하십시오(여러분이 훈련시킨 제자가 그렇게 할 준비가 되었을 때 결정하십시오).
11. 마지막 과를 끝낼 때까지 "지도자를 위한 지침서"를 보여 주어서는 안됩니다.
12. 제자 훈련을 받고 싶어도 내어 준 과제를 완성하지 못하고, 심지어 여러분이 수없이 권면해도 정규 모임에 참석하지 못하는 사람이 있을 것입니다. 이런 사람은 훈련받을 여건이 준비되어 있을 때 시작하는 것이 가장 좋은 방법입니다. 그래야 여러분은 자유롭게 또 다른 성실한 제자를 훈련시킬 수 있습니다.
13. 그리스도인의 생활 속에는 제자 훈련을 받을 기회가 많습니다. 이 교재로 어떤 사람을 훈련시킬 때, 그들이 끊임없이 제자 훈련을 받을 수 있도록 교회의 사역에 동참하라고 권면하십시오.

도표(선박의 키 그림)를 사용하는 방법

1. 큰 원 안에 작은 원을 그리십시오. 안에 있는 원에다 '자아'라고 쓰십시오. 그림 아래에다 '나의 의지, 나의 소망'이라고 쓰십시오.

"이 원은 그리스도인이 되기 이전의 사람을 나타냅니다. 자아가 삶의 왕좌에 있고, 그 삶은 자기 중심적인 삶입니다."

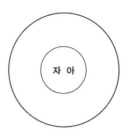

2. 원 안에 원을 그리십시오(이 원들은 더 크게 그리십시오). 안에 있는 원에다 '그리스도'라고 쓰십시오. 그림 아래에다 '그분의 의지, 그분의 소망'이라고 쓰십시오.

"이 원은 그리스도를 영접한 후의 사람을 나타냅니다. 그리스도가 삶의 왕좌에 있고 그 삶은 그리스도 중심의 삶입니다. 우리는 그리스도 중심의 삶에 관해 공부할 것입니다."

3. 안에 있는 원 둘레에다 원을 하나 더 그리고 반을 나누어 위쪽에 '구원의 확신'이라고 쓰십시오.

"우리는 이제 여러분의 삶 속에 계시는 그리스도를 알 수 있는 방법과 여러분이 하나님의 자녀임을 확신하는 것에 대해 공부할 것입니다."

4. 아래쪽에는 '하나님의 속성'이라고 쓰십시오.

5. 다음 여덟 과를 이야기하면서 그림에 살을 그리십시오. 각 과의 제목을 말하면서 써 넣으십시오.

a. 성경

"우리는 성경을 통해 하나님을 알 수 있습니다. 하나님은 성경을 통해 우리에게 이야기하십니다. 성경은 그리스도인의 생활을 위한 기본적인 지침서입니다. 성경 공부 방법에 대해 배울 것입니다."

b. 기도

"우리는 기도로 하나님과 대화할 수 있습니다. 하나님과 교제할 때, 성경을 통해 하나님의 말씀을 듣고 기도로 그분께 말씀드림으로써, 하나님과 우리

의 수직적인 관계가 성장합니다."

c. 교제

"하나님과 올바른 수직적 관계를 이룰 때, 우리는 사람들과도 올바른 수평적 관계를 맺을 수 있습니다. 다른 신자들과의 관계에 있어서 우리는 그리스도 안에서 서로 돌아보고 서로 덕을 세워 주는 교제를 나누어야 합니다."

d. 전도

"우리는 불신자들에게 그리스도를 전해야 합니다. 그들 또한 하나님과 더불어 인격적인 관계를 맺을 수 있도록 전도하는 방법을 공부합시다."

e. 성령 충만

"성령 충만한 삶이 무엇인지 알아보고, 성령께서 다스리시고 그리스도가 중심 된 삶을 살 수 있는 방법에 대해 공부하겠습니다."

f. 시험

"시험을 받지 않는 사람은 아무도 없습니다. 그러나 하나님은 우리를 구원하십니다. 영적인 투쟁에 관한 성경의 가르침이 무엇인지 공부합시다."

g. 순종

"그리스도 중심의 삶을 살려면 이 모든 가르침에 순종으로 응해야 합니다."

h. 사역

"순종의 결과로서 하나님은 새로운 사역으로 우리를 인도하십니다."

6. 곁에다 원을 하나 더 그리고 '그리스도가 다스리는 삶'이라고 쓰십시오.

"우리가 하나님을 알고 그분께 순종함에 따라, 삶의 모든 부분에서 그분의 가르침을 받아들여야 합니다. 그러면 우리의 삶은 그리스도 중심의 삶이 될 것입니다."

7. 키에다 '손잡이'를 그리십시오.

"이 그림은 선박의 키입니다. 항해사가 배의 항로를 따라 운전하는 것처럼, 우리 삶의 모든 부분도 그리스도께서 다스리시도록 맡겨야 합니다. 그리스도 중심의 삶이 어떤 것인지 공부해 봅시다."

*각 과의 제목과 관련된 성경 구절을 함께 공부하고, 다음 시간에 올 때는 배운 것을 그림으로 그리고 설명할 준비를 해 오라고 하십시오.

각 과 사용 방법

제1과: 구원의 확신

(각 과의 소요 시간: 1시간 30분-2시간)

1. 여러분의 제자와 친숙해지십시오. 그가 언제 어떻게 그리스도를 알게 되었는지 대화를 나누십시오.

2. 일대일 훈련의 목적을 설명하십시오. 그리스도 중심적이고, 그리스도가 다스리시는 삶에 대하여 각 과들의 개념을 보여 주는 '선박의 키'를 그리십시오.

3. 제1과 "그리스도인임을 확신하는 방법"에 대하여 토론해 보고 내용을 완성시키십시오. 너무 무리하지 않게 천천히 진행하십시오.

4. 만일 여러분의 제자가 구원의 확신에 대한 의심을 가지고 있다면, 확신이 생길 때까지 1과에서 좀 더 많은 시간을 할애하십시오. 이 과에서 강조할 요점은 구원에 대한 세 가지 확증입니다.

5. 제1과를 끝낼 시간이 충분치 않을 경우에는, 다음 정해진 시간에 만나서 계속하도록 하십시오.

＊제1과를 끝냈을 경우에는 다음과 같이 하십시오.

6. 제2과 "하나님의 속성"을 다음 주까지 예습해 오게 하십시오. 준비 과제를 내주고, 개략적으로 설명해 주고, 매일 해야 할 일의 중요성을 강조해 주십시오. 그것보다 더 중요한 것은 매일 기도와 성경 공부를 통하여 하나님과 교제함으로써 그분을 알아 가는 것입니다.

7. 개인적인 문제를 상호 교환하고, 대화하고, 나눌 수 있는 충분한 시간을 갖도록 하십시오.

8. 기도로 끝맺으십시오. 기도 제목을 서로 나누고 이 책 뒷부분에 있는 "기도 계획표"에 기록해 놓으십시오. 여러분의 제자가 소리 내어 기도하는 방법을 잘 모를 수도 있습니다. 앞으로 남은 기간 동안 대화식 기도를 가르치도록 계획을 세우십시오("기도 계획표"를 나누어 주십시오).

제2과: 하나님의 속성

1. 제1과의 요점을 복습하십시오.(15분)
2. '선박의 키'를 그리고 설명하게 하십시오.
3. 완성해 온 과제물의 각 부분에 대해 토론하고 점검하십시오.(1시간-1시간 30분) (과마다 똑같이 하십시오.)

　예를 들어, 제2과 준비 과제 같은 경우

　(1) 첫 번째로 마태복음 1-4장까지 읽은 것에 관해서 질문하십시오. "인상적인 것은 무엇인가? 그 내용들을 이해할 수 있겠는가?" 매일 성경 공부를 하도록 권면하십시오.

　(2) '키'의 내용을 이 과에 적용시키면서 이야기하십시오.

　(3) 과제 "하나님의 속성"에 대해 토론하십시오.

　(4) 갈라디아서 2:20, 요한복음 15:5을 반복해서 암기시키십시오.

　(5) 주일 예배 설교를 통하여 깨달은 바가 무엇인지 물어보십시오.

4. 강조해야 할 제2과의 요점

　＊하나님의 여러 속성을 알고 이해하는가?

　＊성경을 공부하면서 하나님의 속성들을 조사하게 하십시오. 그리고 하나님의 존재와 하나님께서 행하시는 일들에 대해 그분을 찬양하고 감사하는 방법을 실천해 보게 하십시오.

5. 지시 사항을 분명하게 말해 주면서 제3과 "성경"에 대한 준비 과제를 내주십시오.(15분)

제3과: 성경

1. 제2과의 요점을 복습하십시오.(15분)
2. '키'의 그림에 대해 이야기하면서 제3과에 적용시키십시오.
3. 완성해 온 과제물의 각 부분에 대해 토론하고 점검하십시오.(1시간-1시간 30분)
4. 강조해야 할 제3과의 요점

　＊설교를 잘 듣고 기록하도록 하십시오.

＊하나님 말씀의 중요성과 매일 QT(Quiet Time)를 해야 할 필요성을 강조하십시오.

＊말씀의 적용, 묵상이란 무엇인가?

＊성경을 읽고 공부하면서 제3과 "성경" 부분에 있는 두 가지 질문을 하십시오: 이 말씀이 의미하는 바는 무엇인가? 그것은 나의 생활에 어떤 영향을 주는가?

5. 제4과 "기도"에 대한 준비 과제를 내주십시오. 매일 요한복음을 읽고, 두 가지 질문의 답을 조사해 오고, 혼자서 기도의 시간을 갖도록 권면하십시오.(15분)

6. 함께 기도하십시오(오늘 배운 것을 생각하면서 기도 제목들을 첨가시키십시오).

제4과: 기도

1. 제3과의 요점을 복습하십시오.(15분)

2. '키'의 그림에 대해 이야기하면서 제4과에 적용시키십시오.

3. 완성해 온 과제물의 각 부분에 대해 토론하고 점검하십시오.(1시간-1시간 30분)

4. 개인적인 문제를 상호 교환하고, 대화하고, 나눌 수 있는 충분한 시간을 갖도록 하십시오.

5. 강조해야 할 제4과의 요점

＊누가 기도할 수 있는가? 각 항목의 요점을 이해하고 중심 단어를 암기하십시오.

＊대화식 기도 방법을 가르치십시오.

＊'기도의 손'에 따라 기도하는 방법을 가르치십시오.

6. 지시 사항을 분명하게 말해 주면서 제5과 "교제"에 대한 준비 과제를 내주십시오.(15분)

7. 교재에 있는 대화식 기도〈5-(3)〉에 대해 토론하십시오. 함께 대화식으로 기도하십시오.

(기도 계획표를 살펴보고 기도 제목과 기도 응답을 기록하십시오)

제5과: 교제

1. 제4과의 요점을 복습하십시오.(15분)

2. '키'의 그림에 대해 이야기하면서 제5과에 적용시키십시오.

3. 모든 내용을 잘 이해하고 있는지 주의를 기울이면서, 완성해 온 각 부분에 대해 토론하고 점검하십시오.(1시간-1시간 30분)

4. 인내와 이해심을 갖고 대하십시오. 용기를 북돋아 주십시오.

5. 강조해야 할 제5과의 요점
  *교회와 예배의 중요성을 강조하십시오.
  *지역 교회에서 봉사하고 있는가? 만일 그렇지 않다면, 지역 교회의 구성원이
   되어 활동하는 것의 중요성을 강조하십시오.
  *지역 교회에서 활동하고 있다면, 서로 순종함으로써 하나가 되어 가고 있는가?
  *교회의 중요한 목적은 무엇인가?
   '그리스도의 몸된 교회'의 구성원들은 전도를 통하여 그리스도의 구원 사역
   을 계속해야 합니다. 교회는 하나가 되어서 서로 사랑하고 돌보아야 합니다.
   그렇게 함으로써 세상 사람들을 구원할 수 있습니다.
6. 지시 사항을 분명하게 말해 주면서, "전도"에 대한 준비 과제를 내주십시오.(15분)
7. 「최고의 행복」, 「사영리」 소책자를 주십시오.

제6과: 전도
1. 제5과의 요점을 복습하십시오.(15분)
2. '키'의 그림에 대해 이야기하면서 제6과에 적용시키십시오.
3. 완성해 온 과제물의 각 부분에 대해 토론하고 점검하십시오.(1시간-1시간 30분)
4. '1분 전도 내용'을 평가해 보십시오.
5. 강조해야 할 제6과의 요점
  *「최고의 행복」, 「사영리」를 전하는 방법을 가르치십시오.
  *자신의 '1분 전도 내용'을 전하는 방법을 가르치십시오.
  *성공적인 전도란 무엇인가? 교재에 있는 정의를 암기하십시오.
  *여러분의 제자가 전도하는 것에 대해 관심을 가지십시오.
6. 제7과 "성령 충만한 삶"에 대한 준비 과제를 내주십시오.(15분)
7. 함께 기도하십시오.
  *이번 주간 내에 어떤 사람에게 전도할 계획을 함께 세워 보십시오.

제7과: 성령 충만한 삶
1. 제6과의 요점을 복습하십시오.(15분)
2. '키'의 그림에 대해 이야기하면서 제7과에 적용시키십시오.
3. 완성해 온 과제물의 각 부분에 대해 토론하고 점검하십시오.(1시간-1시간 30분)
4. 강조해야 할 제7과의 요점
  *성령 충만의 의미

＊성령 충만과 신앙 생활의 관계
5. 성령에 관해 지나치게 깊이 들어가서 논쟁에 빠지지 않도록 하십시오.
6. 제8과 "시험을 이기는 삶"에 대한 준비 과제를 내주십시오.(15분)
7. 대화식으로 함께 기도하십시오. 기도 계획표를 계속 사용하십시오(여러분의 제자를 위해 매일 기도하십시오).

제8과: 시험을 이기는 삶
1. 제7과의 요점을 복습하십시오.(15분)
2. '키'의 그림에 대해 이야기하면서 제8과에 적용시키십시오.
3. 완성해 온 과제물의 각 부분에 대해 토론하고 점검하십시오.(1시간-1시간 30분)
4. 강조해야 할 제8과의 요점
   ＊시험 경로
   ＊시험의 속성
   ＊시험을 이기는 방법
5. 제9과 "순종하는 삶"에 대한 준비 과제를 내주십시오.(15분)
6. 함께 기도하십시오. 기도 제목들과 응답된 것들을 살펴보십시오.
   (만일 여러분의 제자가 또 다른 사람을 가르칠 준비가 되었다면, 다음 주에 마지막 과를 끝내고 "지도자를 위한 지침서"를 보여 주십시오).

제9과: 순종하는 삶
1. 제8과의 요점을 복습하십시오.(15분)
2. '키'의 그림에 대해 이야기하면서 제9과에 적용시키십시오.
3. 완성해 온 과제물의 각 부분에 대해 토론하고 점검하십시오(1시간-1시간 30분).
4. 강조해야 할 제9과의 요점
   ＊왜 순종해야 하는가?
   ＊불순종의 결과들
5. 지금까지 배운 각 과의 요점들을 복습하십시오.
6. 암기한 성경 구절들을 복습하십시오.
7. 제10과 "사역하는 삶"에 대한 준비 과제를 내주십시오.(15분)
8. 개인 전도와 좀 더 많은 전도 훈련의 필요성에 대해 권면하십시오.(15분)
9. 함께 기도하십시오.

제10과: 사역하는 삶

1. 제9과의 요점을 복습하십시오.(15분)

2. '키'의 그림에 대해 이야기하면서 제10과에 적용시키십시오.

3. 완성해 온 과제물의 각 부분에 대해 토론하고 점검하십시오.(1시간-1시간 30분)

4. 강조해야 할 제10과의 요점

   ＊진정한 교회가 되기 위해 무엇이 필요합니까?

   ＊사람들은 자신이 받은 사역에 필요한 은사를 어떻게 발견합니까?

   ＊추가적인 훈련은 중요한 것입니까?

5. 지금까지 배운 각 과의 요점들을 복습하십시오.

6. 다음 단계의 제자 훈련을 받을 수 있도록 도우십시오.

7. 이제 다른 사람을 훈련시키기 시작하도록 권면하십시오. 그들이 지금 당장 훈 련시킬 사람이 없다면, 제자 훈련을 받기 원하는 사람의 이름과 전화번호를 그 들에게 지정해 주십시오. 그들에게 필요한 모든 도움을 아끼지 마십시오. "지 도자를 위한 지침서"를 보여 주십시오.

8. 함께 기도하십시오.

기도 계획표

날짜	기도제목	날짜	응답 및 주신 말씀

기도 계획표

날짜	기도제목	날짜	응답 및 주신 말씀

기도 계획표

"나는 너희를 위하여 기도하기를 쉬는 죄를
여호와 앞에 결단코 범하지 아니하고"(삼상 12:23)

날짜	기도제목	날짜	응답 및 주신 말씀

기도 계획표

"나는 너희를 위하여 기도하기를 쉬는 죄를
여호와 앞에 결단코 범하지 아니하고"(삼상 12:23)

날짜	기도제목	날짜	응답 및 주신 말씀

기도 계획표

"나는 너희를 위하여 기도하기를 쉬는 죄를
여호와 앞에 결단코 범하지 아니하고"(삼상 12:23)

날짜	기도제목	날짜	응답 및 주신 말씀

기도 계획표

날짜	기도제목	날짜	응답 및 주신 말씀

기도 계획표

날짜	기도제목	날짜	응답 및 주신 말씀

기도 계획표

날짜	기도제목	날짜	응답 및 주신 말씀

기도 계획표

날짜	기도제목	날짜	응답 및 주신 말씀

일대일 제자양육
성경공부 암송 구절

만남 | **중심 되신 그리스도**

1 내가 그리스도와 함께 십자가에 못 박혔나니 그런즉 이제는 내가 사는것이 아니요 오직 내 안에 그리스도께서 사시는 것이라 이제 내가 육체 가운데 사는 것은 나를 사랑하사 나를 위하여 자기 자신을 버리신 하나님의 아들을 믿는 믿음 안에서 사는 것이라
_갈라디아서 2:20

2 나는 포도나무요 너희는 가지라 그가 내 안에, 내가 그 안에 거하면 사람이 열매를 많이 맺나니 나를 떠나서는 너희가 아무 것도 할 수 없음이라 _ 요한복음 15:5

성장: 첫 번째 만남 | **구원의 확신**

1 내가 하나님의 아들의 이름을 믿는 너희에게 이것을 쓰는 것은 너희로 하여금 너희에게 영생이 있음을 알게 하려 함이라 _요한일서 5:13

2 내가 진실로 진실로 너희에게 이르노니 내 말을 듣고 또 나 보내신 이를 믿는 자는 영생을 얻었고 심판에 이르지 아니하나니 사망에서 생명으로 옮겼느니라 _요한복음 5:24

성장: 두 번째 만남 | **하나님의 속성**

1 여호와여 위대하심과 권능과 영광과 승리와 위엄이 다 주께 속하였사오니 천지에 있는 것이 다 주의 것이로소이다 여호와여 주권도 주께 속하였사오니 주는 높으사 만물의 머리이심이니이다 부와 귀가 주께로 말미암고 또 주는 만물의 주재가 되사 손에 권세와 능력이 있사오니 모든 사람을 크게 하심과 강하게 하심이 주의 손에 있나이다
_역대상 29:11-12

2 여호와여 주의 인자하심이 하늘에 있고 주의 진실하심이 공중에 사무쳤으며 주의 의는 하나님의 산들과 같고 주의 심판은 큰 바다와 같으니이다 여호와여 주는 사람과 짐승을 구하여 주시나이다 _시편 36:5-6

성장: 세 번째 만남 | 성경

1 모든 성경은 하나님의 감동으로 된 것으로 교훈과 책망과 바르게 함과 의로 교육하기에 유익하니 _디모데후서 3:16

2 갓난아기들같이 순전하고 신령한 젖을 사모하라 이는 그로 말미암아 너희로 구원에 이르도록 자라게 하려 함이라 _베드로전서 2:2

성장: 네 번째 만남 | 기도

1 너희가 내 안에 거하고 내 말이 너희 안에 거하면 무엇이든지 원하는 대로 구하라 그리하면 이루리라 _요한복음 15:7

2 아무 것도 염려하지 말고 다만 모든 일에 기도와 간구로, 너희 구할 것을 감사함으로 하나님께 아뢰라 그리하면 모든 지각에 뛰어난 하나님의 평강이 그리스도 예수 안에서 너희 마음과 생각을 지키시리라 _빌립보서 4:6-7

성장: 다섯 번째 만남 | 교제

1 우리가 한 몸에 많은 지체를 가졌으나 모든 지체가 같은 기능을 가진 것이 아니니 이와 같이 우리 많은 사람이 그리스도 안에서 한 몸이 되어 서로 지체가 되었느니라 _로마서 12:4-5

2 새 계명을 너희에게 주노니 서로 사랑하라 내가 너희를 사랑한 것 같이 너희도 서로 사랑하라 너희가 서로 사랑하면 이로써 모든 사람이 너희가 내 제자인 줄 알리라 _요한복음 13:34-35

성장: 여섯 번째 만남 ┃ 전도

1 내가 복음을 부끄러워하지 아니하노니 이 복음은 모든 믿는 자에게 구원을 주시는 하나님의 능력이 됨이라 먼저는 유대인에게요 그리고 헬라인에게로다 _로마서 1:16

2 너희 마음에 그리스도를 주로 삼아 거룩하게 하고 너희 속에 있는 소망에 관한 이유를 묻는 자에게는 대답할 것을 항상 준비하되 온유와 두려움으로 하고 _베드로전서 3:15

성장: 일곱 번째 만남 ┃ 성령 충만한 삶

1 술 취하지 말라 이는 방탕한 것이니 오직 성령으로 충만함을 받으라 _에베소서 5:18

2 오직 성령의 열매는 사랑과 희락과 화평과 오래 참음과 자비와 양선과 충성과 온유와 절제니 이같은 것을 금지할 법이 없느니라 _갈라디아서 5:22-23

성장: 여덟 번째 만남 ┃ 시험을 이기는 삶

1 사람이 감당할 시험 밖에는 너희가 당한 것이 없나니 오직 하나님은 미쁘사 너희가 감당하지 못할 시험 당함을 허락하지 아니하시고 시험 당할 즈음에 또한 피할 길을 내사 너희로 능히 감당하게 하시느니라 _고린도전서 10:13

2 오직 각 사람이 시험을 받는 것은 자기 욕심에 끌려 미혹됨이니 욕심이 잉태한즉 죄를 낳고 죄가 장성한즉 사망을 낳느니라 _야고보서 1:14-15

성장: 아홉 번째 만남 | 순종하는 삶

1 그러므로 형제들아 내가 하나님의 모든 자비하심으로 너희를 권하노니 너희 몸을 하나님이 기뻐하시는 거룩한 산 제물로 드리라 이는 너희가 드릴 영적 예배니라 _로마서 12:1

2 또 무리에게 이르시되 아무든지 나를 따라오려거든 자기를 부인하고 날마다 제 십자가를 지고 나를 따를 것이니라 _누가복음 9:23

성장: 열 번째 만남 | 사역하는 삶

1 그러나 너희는 택하신 족속이요 왕 같은 제사장들이요 거룩한 나라요 그의 소유가 된 백성이니 이는 너희를 어두운 데서 불러 내어 그의 기이한 빛에 들어가게 하신 이의 아름다운 덕을 선포하게 하려 하심이라 _베드로전서 2:9

2 우리는 하나님의 동역자들이요 너희는 하나님의 밭이요 하나님의 집이니라 _고린도전서 3:9

★ 일대일 제자양육 성경공부의 암송 구절이 수록된 〈레인보우 말씀 카드〉(일대일 암송 카드)를 각 서점에서 구입할 수 있습니다.